W0053366

Das Kultbuch zum erfolgreichen Comedy-Format «Wir sind die Freeses» bei NDR 2! Familie Freese, das sind die zupackende Oma Rosi, die ein eigenes Taxiunternehmen führt, die alleinerziehende Helikopter-Mama Bianca und der zwölfjährige inselbegabte Svenni, der manches Mal als Einziger den Durchblick hat. Und nicht zu vergessen: Untermieter und Labertasche Heiko.
In ihren Gesprächen am heimischen Küchentisch oder in ihrer Lieblingskneipe «Zur Eule» geht es um Strategien der Alltagsbewältigung, tagesaktuelles Geschehen und philosophische Extrempositionen – hier tobt sich Allzumenschliches aufs komischste aus.

Die Radio-Comedy «Wir sind die Freeses» ging im September 2014 an den Start. Seitdem ist sie jeden Morgen um 7.17 Uhr auf NDR 2 zu hören. 2016 und 2017 wurde sie für den Deutschen Radiopreis nominiert. Seit Herbst 2015 läuft Oma Rosis Videoblog «Freese 1 an alle» immer freitags im Internet.

Andreas Altenburg, 1969 in Bayern geboren, ist seit 1993 als Redakteur, Autor und Sprecher mit Schwerpunkt Comedy bei NDR 2 tätig. Zu den von ihm entwickelten Formaten gehören neben der legendären Erfolgsreihe «Frühstück bei Stefanie» u.a. «Detzer & Nelling» sowie «Wer piept denn da?».

ANDREAS ALTENBURG

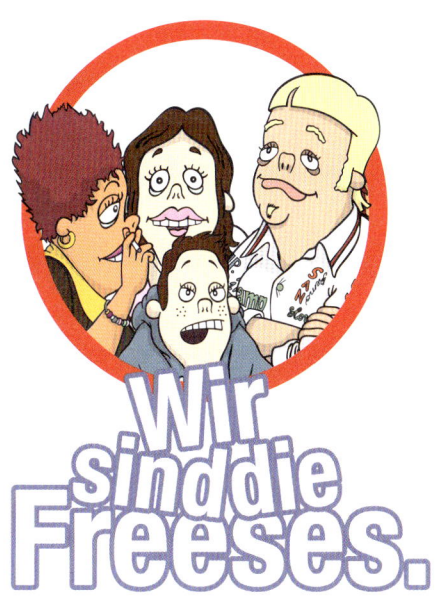

Wir sind die Freeses.

DAS FANBUCH. MIT ALLES

Mit Illustrationen von Michael Marklowsky

ROWOHLT TASCHENBUCH VERLAG

Originalausgabe
Veröffentlicht im Rowohlt Taschenbuch Verlag,
Hamburg bei Reinbek, Mai 2019
Copyright © 2019 by Rowohlt Verlag GmbH,
Hamburg bei Reinbek
Copyright © NDR – Lizenziert durch
Studio Hamburg Enterprises GmbH
Entstanden unter Mitarbeit von
Thomas Hanik und André Chu
Umschlaggestaltung zero-media.net, München
Umschlagabbildung NDR – Lizenziert durch
Studio Hamburg Enterprises GmbH
Satz aus der Abril bei Dörlemann Satz, Lemförde
Druck und Bindung GGP Media GmbH, Pößneck, Germany
ISBN 978 3 499 00025 6

Inhalt

Vorwort

Liebe Leserin, lieber Leser,

gestern erst hat mich beim Bäcker wieder ein Fremder angesprochen: «Sind Sie nicht Oma Rosi?»

Nach beinahe eintausend Folgen von «Wir sind die Freeses» häufen sich solche Situationen, und so wunderte es mich auch nicht, dass der Mann mir gleich darauf unverzüglich zuraunt, seine Frau würde auch immer alte und neue Batterien in ein und derselben Schublade lagern, wie neulich in einer Folge, und das würde ihn genauso wahnsinnig machen wie mich, wenn meine Tochter Bianca das tue.

«Er ist doch die Tochter», schaltet sich die Bäckerin in diesem Moment ein und fragt mich, warum ich eigentlich Angst vor Silberzwiebeln habe, das hätte sie damals in dieser einen Folge nicht verstanden. «Sie müssen mal deutlicher sprechen.»

Bestätigendes Kopfnicken in der Bäckerei. Während ich noch grübele, schaltet sich eine betagte Dame vom Ende der Schlange ein und behauptet, dass «er» (ich, die Tochter) Angst davor habe, dass die Silberzwiebeln beim Raclette auf dem heißen Stein aufsteigende feuchte Dämpfe entwickeln, die in der darüber hängenden Lampe einen Kurzschluss verursachen, der wiederum das ganze Haus abfackeln könne.

Ein kleiner Blick in unsere Datenbank später im Studio bestätigte dann: Die Dame hatte recht!

Sind Sie, liebe Fans der Serie, mittlerweile tatsächlich mehr «Freese», als ich es mir jemals hätte vorstellen können? Um das einschlägig überprüfen zu können, haben wir Ihnen neben Erziehungstipps, Lebensweisheiten und philosophischen

Extrempositionen der Familie Freese sämtliche Fakten aus unserem Archiv in diesem Buch zusammengefasst und schließen jedes Kapitel mit einem Selbsttest ab.

Mit etwas Glück könnten Sie am Ende dieser Lektüre ohne Flunkern behaupten: «Ich bin ein/e Freese.»

In diesem Sinne.

Herzlichst
Andreas Altenburg

Blut ist dicker
als Wasser.*

* Eine dickflüssige Flüssigkeit fließt unter gleichen Bedingungen lang-
samer als eine dünnflüssige. In der Physik wird dies mit dem Begriff
der Viskosität beschrieben. Wer schon mal versucht hat (womöglich
unter Alkoholeinfluss), eine Tube Remoulade leer zu saugen, weiß, wie
schwer das im Vergleich zu einer Tüte Caprisonne ist.

Und ja: Wasser hat eine durchschnittliche Viskosität von etwa
1 Millipascal, die des Blutes beträgt im Durchschnitt 4,5. Blut
ist – rein physikalisch – also dicker als Wasser. Sie machen aber
auch nichts falsch, wenn Sie behaupten:

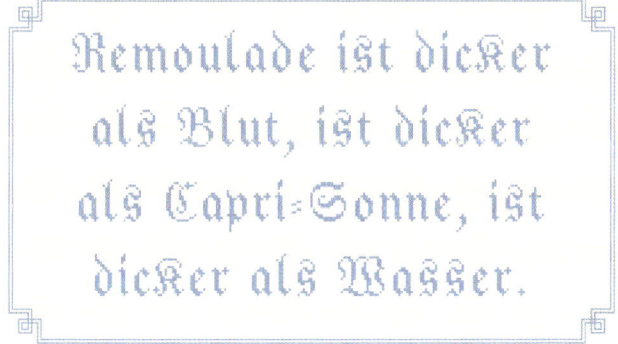

Remoulade ist dicker
als Blut, ist dicker
als Capri-Sonne, ist
dicker als Wasser.

KAPITEL 1

DIE FAMILIE

Alle Freeses haben immer:
Mofaführerscheine
Autoscooter-Zauberschlüssel
Das Freese-Gebiss, auch angeheiratet
Hunde namens UWE

Alle Freeses sind immer:
Spiegelei, niemals Rührei

Familie Freese
– der Besuch im Whirlpool

Nach beinahe fünf Jahren Zusammenarbeit treffen wir uns mit der Familie Freese. Es ist so etwas wie Freundschaft entstanden zwischen den Familienmitgliedern und den Leuten vom Rundfunk. Man geht professionell miteinander um. Man respektiert sich. Man kennt jeweils die Vorlieben und Schwächen der anderen – und gerade deshalb beschleicht uns ein mulmiges Gefühl, als wir uns in Bademantel und Gummischlappen auf den Weg in die kleine Wellness-Ecke des Bades begeben, die wahrlich auch schon bessere Tage erlebt hat.

Der Alarm ist ausgelöst worden. «Wieder mal ...!», stöhnt eine junge Bademeisterin, die in rotem T-Shirt und weißen Shorts an uns vorbeispurtet. Uns ist sofort klar, dass es sich beim Verursacher um Sven Freese handeln muss, der schon vor wenigen Minuten am Eingang arge Probleme hatte, mit seinem großen Schulrucksack und einer prall gefüllten Plastiktüte voller Schwimmsachen durch das Drehkreuz zu gelangen. Steckengeblieben. Wieder mal.

Das Blubbern der zwei Whirlpools setzt sich in unseren Köpfen fest wie ein unangenehmer Vorbote auf das, was uns gleich erwartet. In dem ersten Becken tummeln sich unzählige Menschen auf engstem Raum, wie bei einer «Forellen-Ernte» in einem immer enger werdenden Kunst-Teich. Eine dreiköpfige Rentnergruppe macht eingeschüchtert vor einem Teenager-Paar Platz, das in der Mitte des Beckens kichernd Zungenküsse austauscht. Jeremy Fischer, ein Halbstarker aus Sven Freeses Schule. Kein Unbekannter bei den Bademeistern. Dahinter zwei Erstklässler, die unaufhörlich mit der flachen Hand aufs Wasser schlagen, und ein Vierjähriger, der vom Vater über den Teil des Wasserstrudels gehalten wird, den Fischer und seine Gespielin den anderen übrig lassen. Die Mutter kann aus Platzmangel nur ihre Füße ins Wasser strecken.

«Herr Altenbuich!», krächzt es jetzt aus dem dahinter liegenden Becken herüber. Da liegt sie also. Ganz alleine mit ausgebreiteten Armen. Ihre lackierten Füßchen spielen schwebend über dem Wasserstrudel. Sie trägt eine voluminöse Badekappe statt ihrer üblichen Perücke, und zu unserem Erstaunen fällt uns das erst viel später auf. Ihr Bikini-Oberteil klebt feucht am Körper und gibt mehr frei, als es verhüllt. Mit einem Fingerzeig lockt uns Rosemarie Freese in «ihren» Whirlpool. Unter ihren neugierigen Blicken streife ich meinen Bademantel ab. Als wüsste ich nicht selbst von meiner kleinen Pocke über dem Hosenbund, bestraft sie mich sofort mit einem süffisanten «Jaja», als ihr Blick daran hängenbleibt. Wir arbeiten nun schon so lange zusammen, und man kann nicht leugnen, dass sie bereits mehrfach meine Kollegen und mich angebaggert hat – wenn wir die Zeichen richtig gedeutet haben. Umso unbehaglicher ist das Gefühl, mich neben sie in das warme Becken gleiten zu lassen. Wir sind alleine.

Altenburg: Moin Frau Freese, wo sind denn die anderen?
Rosi: Die machen sich noch fertig, mein Süßen. Ich bin ja so schon hergefahren.
Altenburg: Aha.
Rosi: Von dem her.
Altenburg: Warum hier im Whirlpool und nicht zu Hause?

Irgendetwas hat mich unter Wasser in den Po gekniffen – oder war es doch nur die harte Düse des Pools? Bevor ich mich umdrehen kann, hält sie meinen Arm fest und schaut mir in die Augen. Sie hat etwas Lippenstift an den Zähnen und atmet durch den Mund.

Rosi: Heut ist mein Wellness-Tag, aber in meine Sauna können wir gar nicht gehen.

Altenburg: Das möcht ich auch nicht.

Rosi: Ja, können wir ja auch nicht. Da stehen die Winterreifen und die Mayonnaise-Eimer mit dem Münzgeld. Das wissen Sie ja nu.

Altenburg: Frau Freese, wie hat sich Ihr Familienleben in den vergangenen fünf Jahren verändert?

Rosi: Ja. Es ist ja 'ne Menge passiert. Damals kam Svenni grad von der Grundschule aufs Gymnasium. Wir wohnten noch zu dritt in meinem Haus. Es ist ja mein Haus.

Altenburg: Ja.

Rosi: Isses, ja.

Altenburg: Jaha. Svenni ist ja ein aufgeweckter Junge. Welchen Anteil an seiner Schulkarriere würden Sie sich geben? Oder war das alles die Mama?

Rosi: Ich hab damals zu Svenni gesagt (sie spricht es «Zwenni» aus): Wenn du in der Vorschule nur Quatsch machst, denn sortieren se dich in der Grundschule weg, und dann droht später Altersarmut und denn kannst du dir kein Entertain mehr leisten, wenn du selber mal Entertain in Fernseher gucken willst. Das sind diese kleinen motivierenden Spitzen von mir. *Erst* Schule. *Dann* Taxi. So hab ich das bei meiner Tochter auch gehalten.

Altenburg: Sie hat Abitur. Und studiert.

Rosi: Ja, aber zwischendurch ist sie noch Taxi

gefahren für mich. Dann hat sie studiert, irgendwas mit Afrika. Denn wurde sie schwanger. Denn mit dem Kind zu mir nach Hause.

Altenburg: Sie waren bei der Geburt dabei.

Rosi: Ja ich hatte das auf VHS gefilmt. Viertel vor eins waren wir da, Viertel vor vier waren wir wieder auf dem Zimmer. Hat Hassan uns Hähnchen gebracht.

Altenburg: Hassan ist ja überhaupt so ein Thema.

Rosi: Kein Kommentar. Ich bin eine zupackende Frau.

Sie gurrt förmlich. Und wieder habe ich das Gefühl, als würde sich die Wasserdüse an meinem Gesäß zu schaffen machen.

Altenburg: Svenni kam per Kaiserschnitt. Wirklich nicht wegen dem großen Kopf?

Rosi: Nein, wegen dem Sternzeichen. Bianca hat ihn ja 14 Tage früher holen lassen. Weil, so war er noch Skorpion geworden. Das passt besser zu Fische als Schütze. Und sie selber ist ja Fische. Sie sind Schütze, nech, Herr Altenbuich?

Altenburg: Ja ...

Rosi: Ich bin ja Zwilling ...

Sie lässt die Worte wirken und streckt ihre Arme hinter ihrem Kopf entspannt aus. Da, wo bei Menschen ihres Schlages norma- lerweise weiße Inseln zu erkennen sind, die der Turbobräuner des Solariums nicht erreicht hat, ist bei ihr alles nahtlos braun. Sie verfolgt meinen Blick.

Rosi: Da kommt er normalerweise nicht hin. Weil, von der Natur her werden Hähnchen und Menschen unter den Ach- seln nicht braun. Aber der Mensch kann sich auf'n Rücken entsprechend rekeln, und daher ist er dem Brathuhn von der Anatomie überlegen.

Altenburg: Okay.

Rosi: Ein Huhn kann das nicht! Sie gucken so.

Altenburg: Nee, gar nicht.

Rosi: Ich bin gerne braun. Und das mag ich auch an Männern: 'ne gute Hautfarbe! Wenn ich Smackdown gucke und die Wrestler seh' oder Tim Wiese im Speziellen ... Denn bekomm ich richtig Hunger auf'n halbes Hähnchen ... dieses ölige Paprika-Rotbraun.

Altenburg: Sind das diese echten Kerle, von denen Sie manchmal sprechen?

Rosi: Eher so Typen: leicht breitbeiniger Stand, Zigarette mit'm Daumen halten – wo hast du das heute noch? Gibt's sonst eigentlich nur noch am Autoscooter. Nicht solche mit so neumodischen Tattoos, nee ...

Sie winkt ab. Dann setzt sie sich auf und beginnt zu schwärmen.

Rosi: Mal klassisch. Mit so'm schönen Panther auf'm haarigen Unterarm. In diesem schönen alten Blau, wie so 'n Schweinestempel.

Sie verzieht ihr Gesicht und stülpt ihre Lippen eigenartig nach vorne.

Altenburg: Aha.

Rosi: So hol ich mir die Kerle. Müder Blick und dann den Entenschnabel, das wirkt geheimnisvoll.

Sie wartet offensichtlich auf eine Reaktion.

Rosi: Wie bei Simone Thomalla. Bei Männern sieht das allerdings aus wie Donald Trump.

Altenburg: Und dennoch sind Sie in den vergangenen Jahren solo geblieben.

Rosi: Ich hatte Mike.

Altenburg: Eine recht kurze Beziehung.

Rosi: Er war Berufskraftfahrer wie ich. Aber hing zu sehr an seiner Mutter.

Altenburg: Sie erwarten auch einiges von Ihrer Tochter.

Rosi: Was?

*Sie lacht künstlich und schlägt mit der flachen Hand aufs
Wasser. Für einen kurzen Moment schiebt sich ihre Zahn-
Teilprothese ein Stück weit nach vorne.*

Rosi: Ga-ga-ga-gaaarnich! Ich muss mich nur um mein Kind
kümmern. Sonst kriegt sie ja überhaupt nix auf die Reihe.

Altenburg: Aber jetzt hat sie ja einen Job. Ist im Betriebsrat.
Hat eine Nebentätigkeit als freischaffende Trageberaterin.

Rosi Freese winkt verächtlich ab.

Altenburg (verschmitzt): Hat einen Partner ...

Rosi: Also den Job bei Menk & Bode hab ICH ihr besorgt. Weil
ICH ja mit Heinzi Menk zweimal verheiratet war. Und mit
Bernhard hab ICH sie zusammengebracht. Quasi. Weil ICH
den Urlaub bezahlt hab, wo sie ihn kennengelernt hat, weil
ICH die Kreuzfahrt bezahlt hab, wo er sie gefragt hat, ob sie
mit ihm verlobt sein möchte.

Altenburg: Hätten Sie so was auch gerne?

Rosi: Ich hatte so was.

Altenburg: Dieter.

Rosi: Mein Dieter. Der konnte Mücken mit der Faust tot
boxen.

Altenburg: Ich weiß. Wir alle wissen das.

Rosi: Als er damals starb, sagte er mir auf dem Sterbebett
noch ...

Altenburg: ... geh wieder tanzen.

Rosi: Geh wieder tanzen, Rosi. Ganz genau. Triff dich mit
anderen Männern.

Altenburg: Ihre Tochter und auch einige unserer Hörer
bezweifeln, dass er das gesagt hat.

Rosi: Die Wahrheit ist in meinem Herzen.

Wir sitzen eine Weile schweigend im Whirlpool. Meine Haut wird langsam schrumpelig. Ein junges Paar schlendert auf unseren Whirlpool zu und kann sein Glück kaum fassen, dass noch einige Plätze frei sind. Dann erkennen sie Rosi Freese und machen auf dem Absatz kehrt. Mehr als eine hochgezogene Augenbraue hat das die Grand Dame des Hallenbades nicht gekostet.

«Moinsen!!!»

Eine allseits bekannte Männerstimme schallt durch die Halle, und Heiko Postel lässt sich unaufgefordert in den Whirlpool gleiten.

Rosi: Moin Snäcki!

Postel: Moin Rosi.

Er mustert mich kurz von der Seite.

Postel: Habt ihr noch Ed-Sheeran-Karten? Oder Aufkleber?

Altenburg: Hallo Herr Postel! Sie sind ja – mal wieder! – ohne Einladung hier aufgetaucht.

Postel: Aha.

Altenburg: Viele Menschen fragen sich, warum Sie in den vergangenen Jahren beinahe täglich ebenso unaufgefordert bei der Aufzeichnung im Freese-Haushalt aufgetaucht sind, obwohl Sie doch eigentlich weltweit in der Containerverplombung tätig sind.

Heiko: Ja, ich habe ein weltweites Netzwerk aufgebaut. Außerdem hab ich Devin.

Altenburg: Der Azubi?

Heiko: Ja, der hat ja bei uns gelernt. Also bei mir. Und jetzt muss er eben auch mal ran. Er hat mir jetzt zu Hause 'n Flachbild-Fernseher angeschraubt. Hat er gut gemacht. Von dem her …

Altenburg: Ja, aber was verplomben Sie da?

Heiko: Ja, viel Asien. Neulich auch erst wieder 27 Tonnen

Bügel-BHs für den südostasiatischen Raum. Da ist Koala (sic) Lumpur 'ne feste Größe international. Sechs, sieben so dicke Fische im Jahr und man hat sein Auskommen. Ich fliege, höre!, nach Jakarta und verplombe dort vor Ort einen 45-Fuß-Brühwürfel. Dat sind 86 Kubik.

Rosi: Der ist denn ja aber noch wo drin, Heiko.

Heiko: Nee, der wird in Stahl gezogen, wie wir sagen. Und denn mach ich die Schotten dicht.

Altenburg: Ja, und äh …

Heiko: Das ist ja mit 'ner halben Stunde nicht getan.

Altenburg: Nee, ich dacht grad schon.

Heiko: Da sind ja An- und Abreise noch nicht mit drin. Und der Asiate als solcher. Er will ja *made in Germany*.

Altenburg: Ja.

Heiko: Nee, bin ich ja.

Altenburg: Ja, überhaupt. Über Ihre eigene Familie wissen wir wenig.

Heiko: Ich hab ja noch 'ne Mutter.

Altenburg: Ja nee, okay, das weiß ich.

Oma: Mit der war er Muttertag auf Bali.

Heiko: XXL-Wochenende. Mit alles. Denn hab ich ja noch meinen Bruder Harpo, nech? Und die ganze Familie kriegt denn Weihnachten meine aktuellen Amazon-Zugangsdaten geschickt. Denn können die sich bestellen, wat se wollen.

Altenburg: Na ja, praktisch ist das.

Heiko: WAS SIE WOLLEN!

Rosi: Unsen Heiko ist ein ganz sensibler Mann, der nichts anderes sucht als eine kleine Portion Liebe und Anerkennung.

Heiko: Gar nicht. Rosi, bist du … bist du … also …

Rosi: Is' doch so. Er ist tief in sich drin 'n Romantiker.

Postel springt auf. Jetzt erkenne ich die aufgenähten Schwimm-
abzeichen auf seiner Badehose. Er reckt beide Arme in die Höhe
und brüllt das Scooter-Zitat «How much is the fish?». Dann setzt
er sich wieder. Offensichtlich eine Übersprunghandlung. Ich
nehme den Faden wieder auf.

Altenburg: Sie hatten immerhin mal eine Freundin, «weil sie
nach Neuwagen gerochen hat», wie Sie es beschreiben.

Heiko: Ja. Diese Frau roch, wenn sie ihre Lederjacke anhatte,
wie die genähte Mittelkonsole von meinem 5er BMW. Das
macht was mit mir.

Altenburg: Das ist doch was.

Er glotzt mich an.

Altenburg: ... Romantisches. Sie waren ja zuletzt in einer
On-off-Beziehung mit Yvette.

Heiko: Nee, und denn ja wieder on. Also aktuell.

Altenburg: Ja. Die ist ja deutlich jünger als Sie und ein Model.
Ist das der Typ Frau, von dem Sie träumen?

Heiko: Weiß nicht. Das ändert sich ja nach Tagesform. Höre!
Wenn ich selber jetzt 'ne Lesbe wär, denn würde ich auf
Beatrix von Storch stehen. So einfach ist das.

Altenburg: Okay. Aber eine eigene Familie zu gründen ...
Könnten Sie sich das vorstellen?

Heiko: Sichi. 'türlich. Endgeil.

Altenburg: Ja.

Heiko: Ich habe ja was zu geben. Was weiterzugeben. Gewisse
Dinge. Dem Jungen jetzt ja auch.

Altenburg: Svenni? Können Sie mit ihm diese klassischen
Vater-Sohn-Sachen machen, für die Oma, Mutter und deren
Lebensgefährten nicht zur Verfügung stehen?

Heiko: Normal.

Altenburg: Also so was wie Angeln ...

Rosi: Fische ausnehmen. So was.

Heiko: Ja. Du. Ich hab ja immer so zwei Schlemmerfilets in der Truhe. Bordolese. Ist bekannt?

Altenburg: Ja.

Heiko: Wie man die denn nachher so mit dem Spatel aus der Aluschale heil auf den Teller kriegt, höre, weil das ist kein selbstverständliches Unterfangen, dass das nicht alles auseinanderbröselt, aber das sagt dir keiner, und denn ist die schöne Kruste unterm Fisch und oder du isst das direkt aus der Schale, aber denn musst dieses Subschige ablaufen lassen und am Ende fällt dir doch noch der ganze Scheiß auf'n Teller, und so was könnte ich ja mit dem Jungen, da steh ich ja sofort zur Verfügung, und denn versuche ich gerne, die Defizite der andern dabei auszugleichen. Das sind diese Dinge.

Rosi: Ich hab ihm beigebracht, wie man sich rasiert und wie man mit einem Teelöffel ein Auto starten kann.

Altenburg: Oh!

Rosi: Ich musste neben meiner Rolle als Großmutter und Mutter auch immer Opa und Vater für meine Familie sein.

Ein kurzer Moment betretenden Schweigens.

Rosi: Wie man mit einem harten Meerrettich 'ne Bierflasche aufkriegt.

Altenburg: Wie?

Rosi: Hab ich ihm auch beigebracht.

Heiko: Nein, also wie gesagt, ich bin auch gerne bereit, diese Dinge zu tun.

Altenburg: Also sind die Freeses auch für Sie so etwas wie Familie. Oder?

Er überlegt lange.

Heiko: Ja. Das. Also. Von dem her. Kann man ... also ... – ja!

Altenburg: Und wenn Bianca jetzt nicht mit Bernhard zusammen wär …

Er glotzt mich an.

Altenburg: Könnten Sie sich vorstellen, dass Sie an seine Stelle treten und mit Bianca …?

Rosi: Also, sagen Sie mal!!!

Altenburg: Einige Hörer beschäftigt das.

Heiko: Bi-anca???? Loide!!! Ehrlich jetzt!

Postel springt auf. Er reckt beide Arme in die Höhe und brüllt erneut «How much is the fish?». Dann setzt er sich wieder. Nach einer Weile.

Altenburg: Noch mal zur Familiengründung. Eventuell dann ja mit Yvette? Ist das überhaupt noch möglich?

Heiko: Wie jetzt?

Altenburg: Sie hatten 2003 einen urologischen Eingriff, heißt es.

Heiko: Ja, aber das war was rein Ästhetisches.

Altenburg: Oh!

Rosi: Man gönnt sich ja sonst nix!

Altenburg: Ja. Ein gewisses Selbstbewusstsein strahlen Sie schon aus, Herr Postel. Sie würden gerne Ihr Leben verfilmen lassen, sagten Sie einst.

Heiko: Ja, mit Taylor Swift als Yvette und Dolph Lundgren als ich. Meine Meinung.

Ich traue mich für einige Momente nicht mehr, weitere Fragen zu stellen. Etwa zehn Minuten lassen wir schweigend unsere ausgestreckten Beine über dem starken Wasserstrudel schweben, und mich durchfährt es jedes Mal wie ein unangenehmer Blitz, wenn sich meine Füße mit denen Rosemarie Freeses kreuzen. Ich möchte wieder in eine aufrechte Sitzhaltung, aber sie reißt mich am Arm herunter.

Altenburg: Wir sind jetzt schon ganz schön lange im Whirl-pool ...

Rosi: Ja, denn stehen Sie doch auf, da vorne lauern schon die Geier.

Mehrere Menschen haben unseren Whirlpool fest im Blick, halten aber nach wie vor respektvoll Abstand. Nur ein Mann, offenbar zum ersten Mal in diesem Hallenbad, wird von seiner Frau in unsere Richtung geschubst, nachdem sie bemerkt hat, dass unsere Unterhaltung ihnen galt.

Mann: Wollen Sie raus?

Seine Frau kommt hinterhergestakst.

Frau: Wir würden nämlich auch gerne mal ...

Rosi: Komm, zisch ab! Geh rutschen!!

Altenburg: Darf man hier so lang drin bleiben, wie man will?

Rosi: Natürlich darf ich hier so lange drinbleiben, wie ich will. Ich mach alle 45 Minuten die Beißprobe.

Heiko: Oh, lass das bitte.

Rosi: Herr Altenbuich, wenn ich mit voller Kraft in meinen Daumen beiße und die Zähne mehr wehtun als dat Fleisch –

Altenburg: Oha ja ...

Rosi: Denn hab ich noch 'n Viertelstündchen!

Heiko: Wenn du kommst, sagst du ja auch, die Leute sollen mal aufstehen.

Rosi: Meistens muss ich das nicht mal sagen, ich hab mir jetzt in den letzten 17 Jahren einen gewissen Status in diesem Whirlpool aufgebaut. Schon bei der Eröffnung ...

Altenburg: Frau Freese, ich kenne die Geschichte ...

Rosi: Schon bei der Eröffnung saß ich hier mit dem Bürgermeister und Patrick Bach.

Altenburg: Ich weiß.

Rosi: Das ist ein Schauspieler.

Altenburg: Ich weiß.

Rosi: Saß ich hier. Fürs Wochenblatt. Und seitdem strahl ich diese natürliche Autorität aus, diesen Anspruch auf Whirlpool Dei Gratia, von Gottes ...

Ein weiterer Mann traut sich heran. Was ist denn los?

Altenburg: Von Gottes Gnaden.

Mann 2: Ist neben Ihnen noch frei?

Sie bellt ihn an. Kurz und explosiv.

Rosi: Bitte???

Mann 2: Nee. Ist schon gut.

Rosi: Das ist wie mit dem Daddelautomaten beim Supermarktbäcker, da sitzen auch immer nur die gleichen Typen und kein anderer traut sich.

Heiko: Oder der Billardtisch im Jugendzentrum damals.

Altenburg: Ja. Wollen wir nicht doch noch mal woanders hin, ins Schwimmer? Vielleicht sind Sven und seine Mutter auch da, und wir haben uns missverstanden.

Herr Postel und Rosemarie Freese prusten lachend los.

Rosi: Der Junge kann sich mit Müh und Not über Wasser halten. Also wenn er nicht muss, dann meidet er dat Schwimmerbecken. Und, Herr Altenbuich, wenn wir jetzt den warmen Whirlpool verlassen, ist alles andere wie Eisbaden in der Elbe.

Altenburg: Okay.

Im Hintergrund findet offenbar eine hitzige Diskussion statt. Sven Freese unterhält sich wild gestikulierend mit dem Bademeister. Wütend stampft er mit dem Fuß auf und rutscht dabei beinahe aus. Vorsichtig läuft er schließlich in unsere Richtung. Hinter ihm folgt Bianca Freese, die eine große Gummiflosse unter dem Arm trägt.

Rosi: Wie wenn du beim Brunchen mit Lachs anfängst oder der Räucherfischplatte. Denn gehst du ja auch nicht noch hinterher an die Marmelade ran.

Altenburg: Verstehe.

Rosi: Wenn ich in der *Eule* erst mal bei Jäggi-Cola bin, denn kehr ich ja auch nicht noch mal zum Alster zurück.

Altenburg: Sicher.

Oma: Dat ist wie Rumküssen nach'm Sex.

Altenburg: Ich habe es verstanden!!!

Sven: Käcks??? Käckväkä!!!

Sven Freese steht tropfend hinter mir. Sven möchte auch etwas sagen, doch es gelingt ihm nur ein kleines Grunzen, durch das er mehrere Gummi-Würmer freilegt, die er sich offensichtlich unmittelbar zuvor in den Mund gestopft hat.

Heiko: Was hat er denn?

Bianca: Er durfte nicht sein Naschi mit in den Schwimmbereich nehmen.

Sven: Sexverkehr!

Er muss beim Lachen husten und eine Popelglocke bläht sich unter dem Nasenloch auf.

Altenburg: Hallo Svenni.

Rosi: Warum hast du diese Schwimmflosse schon wieder mit, Bianca?

Bianca: Das weißt du ganz genau, Mutti, ich möcht nachher noch 'n paar Runden als Meerjungfrau drehen. Akzeptier das doch mal.

Altenburg: Ach, dann haben Sie Ihren Workshop damals erfolgreich abgeschlossen?

Bianca: Ja. Ich habe gelernt, zu schwimmen wie eine Meerjungfrau und zu sein wie eine Meerjungfrau.

Sven: Aber dann mach das bitte erst, wenn ich schon weg bin. Das macht mich peinlich.

Bianca: Hören Sie das, Herr Altenbuich, das ist das, wie meine Familie mich bei meinen Träumen unterstützt.

Sie klopft sich zart mit den Fingerkuppen auf die Wangenknochen, um Tränen zu verhindern.

Bianca: Bernhard findet das toll. Er sagt ja sogar, dass er das selber mal erfahren möchte, als Meerjungfrau durchs Wasser zu gleiten und sich spielerisch anmutig zu drehen. Und zu den leichten Schlägen der Monoflosse zu schweben.

Heiko: Ja, und da fängt ja die Verarschung an.

Bianca: Ham wir diese Diskussion nicht schon mal geführt?

Altenburg: Wieso, Herr Postel?

Heiko: Ja, der Glaube, dass Meerjungfrauen die Schwanzflosse waagerecht haben.

Sven: Das kommt von Disney. Meerjungfrauen haben eine Fluke, das ist die waagerechte Schwanzflosse eines Wals, Fische hingegen tragen die Flosse senkrecht.

Heiko: Oder hast du schon mal 'ne Makrele Rückenschwimmen sehen?

Bianca: Vielleicht stammt ja die Meerjungfrau vom Wal ab.

Heiko: Leute, die Meerjungfrau ist fischartig. Sie hat'n Schwanz mit Schuppen, sie hat Kiemenatmung.

Bianca: Meerjungfrauen ham doch keine Kiemen!!!

Heiko: Die können ja sogar singen unter Wasser!

Rosi: Bianca, da hat er recht. Sonst dreh die Flosse um 90 Grad, dann schwimmst du eben wie eine Makrele, aber das ist denn wenigstens nicht so aufgesetzt.

Bianca: Aber die Anmut ...

Heiko: Du kannst doch auch 'n Guppy sein. Das ist viel farbenfroher ...

Sven: Nur die Guppy-Männchen, die Weibchen sind hässlich.

Bianca: Können wir nicht einmal wie 'ne normale Familie sein? Ich sitz hier gerade mal zwei Minuten!!

Es entsteht eine Gesprächspause. Svenni wringt verlegen die Luftbeulen aus, die sich durch den Sprudel in seiner übergroßen Badehose gebildet haben.

Altenburg: Frau Freese. Sind es Momente wie diese, in denen Sie sich in andere Familien wegträumen?

Bianca: Wie meinen Sie das denn?

Altenburg: Sie haben sich beispielsweise eine zweite Identität auf Facebook gegeben.

Bianca: Na ja, das sind Spielereien.

Altenburg: Sie nennen sich dort Bibi van Bergen.

Bianca: Und da habe ich meine ganz eigene neue Chronik. Und keiner quatscht mir rein.

Rosi: Ja.

Bianca: Ich bin eine starke Frau und lebe mit meinem Mann auf einem Gutshof am Stadtrand, wo ich meine eigene Yoga-Farm betreibe.

Heiko: Bianca, nu warte mal.

Bianca: Nee. Ich fahre auf dem Liegerad dem Sonnenuntergang entgegen und segele am Wochenende auf unserem Familien-Holzboot in Masuren, und mit meinen drei zauberhaften Mädchen flechte ich einen Zopf in die Mähne unseres Ponys, das heißt Bigelow.

Sven: Aber Mama ...

Rosi: Bianca ...

Bianca: Und abends in meinem Pool darf ich Meerjungfrau sein. Und mein Mann wartet auf mich mit dem ausgebreiteten Bademantel in den Händen.

Beleidigt dreht Rosi Freese ihren Kopf zur Seite. Sven hält sich die Nase zu und taucht unter.

Altenburg: Immerhin haben Sie zwischenzeitlich den Absprung geschafft. Sie sind studieren gegangen. Haben Svennis Vater kennengelernt.

Bianca: Nee, es war eine wunderbare und zarte Zeit des gemeinsamen Lernens an der Universität. Und wir hatten ein gemeinsames Weihnachten, und als wir dann Fasching zusammen feierten, war es um mich geschehen.

Rosi: Sie dachte nämlich, er wär als Captain Jack, dieser Sänger mit der Uniform.

Heiko: Ey-jo Captain Jack!

Postel reckt den Zeigefinger in die Luft.

Rosi: Er war aber nur als Zugbegleiter verkleidet. Und dat Mikrophon stellte sich als Ticketzange raus.

Bianca: Ich habe ihn geliebt!!!

Svenni taucht kurz auf.

Sven: Hab bis 27 gezählt!!!

Wir halten inne. Dann taucht er wieder ab.

Bianca: Aber es sollte nicht sein. Die kulturellen Gräben waren zu tief.

Rosi: Dieser Mann hat Toast Hawaii in unsere Familie gebracht. An Heiligabend. Das müssen Sie sich mal vorstellen! Sie hat ja immer solche Männer. Ihr jetziger wollt uns Burgunderschinken aufschwatzen. An Heiligabend.

Heiko: Wieso? Gibt's doch jetzt bei uns.

Bianca: Du bist ja sowieso eigentlich nicht bei UNS, also Heiko.

Heiko: Normal.

Altenburg: Fragt Svenni denn nicht viel nach seinem Vater?

Bianca: Ja. Nee. Aber das macht es so unnötig ungemütlich manchmal.

Bianca zieht ihren Sohn an der Badehose nach oben.

Bianca: Da bist du ja wieder.

Sven: Oh Mann, ich hätt' noch gekonnt! Jetzt hab ich mich verzählt. Ich find das sowieso voll scheiße, dass man hier kein Handy mit reinnehmen kann.

Rosi: Geht ja sofort schrott.

Sven: Mit Gummihülle!

Heiko: Ist ja auch verboten.

Mama: Svenni, das sehen sowieso manche Leute nicht gern, wenn man im Whirlpool mit dem Kopf unter Wasser taucht.

Altenburg: Also für das Gespräch ist es ja auch viel schöner, wenn nicht alle auf ihre Smartphones starren.

Sven: Mit Gummihülle!

Rosi: Hörst du ihm nicht zu?

Altenburg: Sie alle sind schon einigermaßen auf Ihre Handys fixiert.

Mama: Wie bitte???

Rosi: Frechheit!

Heiko: Woher denn?

Das Gespräch reißt ab. Nach einer Weile:

Rosi: Also, man würde ja schon gerne mal 'n Selfie machen. Ich habe ja den Körper.

Altenburg: Ja.

Rosi: Fassense mal an hier.

Sie hält mir ihren Oberarm hin. Ich möchte das nicht.

Rosi: Heiko, fass du mal an!

Heiko: Nee, lass mal Rosi!

Rosi: Nee, pack mal ran. Kneif mal rein.

Sven: Oh Oma! Du machst uns peinlich.

Rosi: Papperlapapp!

Altenburg: Leidest du unter solchen Situation, Svenni? Wenn du das Gefühl hast, dass dich deine Familie «peinlich macht»?

Sven: Ja. Normal.

Bianca: Meine Mutter ist ihm natürlich dann und wann peinlich.

Rosi: Sag mal!

Sven: Nee, Mama, also ...

Bianca: Nee, lass mal. Auf meinem Abiball damals trug sie das gleiche Cocktailkleid wie ich. Und dann ist sie noch auf die Bühne gegangen und hat «Like a virgin gesungen»! Das sind diese peinlichen Dinge.

Rosi: Ich hab dir damals zum Geburtstag eine Chris-de-Burgh-Platte kaufen müssen. Das war MIR peinlich.

Sven: Mama ist mit auf meine Klassenfahrt gefahren. Und hat

Ansagen im Bus gemacht! Und sie geht mit mir einkaufen und fragt im *City Center* so Mädchen aus meiner Klasse, wie die die Damenjeans an mir finden, weil die besser passt zu meinem Potzi. Oder sie ...

Jetzt springt Bianca auf und stellt sich vor Svenni hin, und hält sich die flache Hand auf die Brust, als wäre sie Céline Dion, die eine Ballade singt.

Bianca: Nee, Ruhe mal jetzt! Willst du damit etwa sagen, dass ICH dir peinlich bin???

Sven: Manchmal.

Rosi: Er weiß ja gar nicht, was er redet, Bianca.

Bianca: Herr Altenbuich, er ist jetzt in der Pubertät.

Sven: Oh Mama!

Bianca: Das hat seine Hodenvermessung bei Dr. Hase ergeben.

Sven: Oh Mama! Hör auf damit!!!

Bianca: Dann findet man ja wohl alles peinlich.

Altenburg: Ja, Svenni, da mussten wir alle mal durch.

Rosi Freese dreht sich zum Beckenrand, stützt sich im schrägen Stand mit den Händen ab und beginnt gespielt gelangweilt Liegestütze zu machen.

Heiko: Deswegen wollte ich auch nie bei Dschungelcamp mitmachen.

Altenburg: Was sagten Sie?

Heiko: Nee, weil die nehmen ja alle Vertrauenspersonen mit nach Australien. Also jeder. Familie. So was. Und denn werden die ja interviewt.

Rosi: Ist bei Topmodel ja auch so. Denn kommt 'n Kamerateam nach Hause.

Sven: Denn sitzen da alle bei Kaffee und Kuchen.

Heiko: So, Gewissensfrage: Schließt ma' eure Augen und fertigt mal eine Liste an mit Familienmitgliedern, bei denen

euch das überhaupt nix ausmachen würde, wenn die im
Fernsehen Statements über euch abgeben würden.

Sven: Tja.

Rosi: Oh.

Bianca: Das weiß ich genau, wie das ist, denn bin ich fast
Dschungelkönigin, bin noch am Würmerabduschen oder
schwimm da verträumt durch die Jauche, und Mutti erzählt
im Splitscreen, wie ich mal in Tirol im *Hotel Elisabeth* ins
Bidet gemacht hab.

Rosi: Wir ham gelacht, Herr Altenbuich.

Sven: Ich kann ja niemals Superstar werden! Ich muss ja gut
in der Schule sein, damit RTL nicht zu uns nach Hause
kommt und meine ganze Familie erzählt, dass ich erst mit
acht Jahren Fahrradfahren konnte.

Betretenes Schweigen.

Sven: Dabei konnte ich schon ganz früh Einrad fahren, sagt
Mama.

Rosi: Das war 'n Dreirad.

Bianca: Das war ein Einrad. Mit Stützrädern!

Die FAMILIE – Der FANCHECK

Was hat Bianca studiert?

Wen hat sie dabei kennengelernt?

*Mit wessen Gnade darf Rosi ewig
den Whirlpool besetzen?*

Für was haben alle Freeses einen Zauberschlüssel?

*Mit wie vielen Jahren konnte Svenni
Fahrrad fahren?*

*Was war Svennis «Einrad mit Stützrädern»
in Wirklichkeit?*

*Welcher Schauspieler soll Heiko in der
Verfilmung seines Lebens spielen?*

*Kam Svenni bei einer natürlichen
Geburt auf die Welt?*

Wie heißt Rosis verstorbener Mann?

Was ist dicker? Blut oder Remoulade?

(Auflösung auf Seite 268)

KAPITEL 2

ZUHAUSE

TEILUNGSERKLÄRUNG
zum Gemeinschaftseigentum

Erschienen sind heute:

1) Frau Rosemarie Freese
– von Person bekannt –

2) Frau Bianca Freese
– von Person bekannt –

3) Herr Sven Mbeki Freese
– von Person bekannt –

§ 1 Gemeinschaftseigentum

Zum gemeinschaftlichen Eigentum zählen Boden- und Wandbeläge, sanitäre Einrichtungen und Möbel, die nicht im Sondereigentum oder im Eigentum eines Dritten stehen. Ebenso dem Gemeinschaftseigentum zuzuordnen sind:

(1) Handykabel,

(2) Smartphone-Kopfhörer,

(3) Zahnbürsten bzw. Elektro-Bürstenaufsätze,

(4) Duschhandtücher,

(5) Sneaker-Socken und

(6) Essbares,

sofern keine eindeutige Möglichkeit der Besitz-Zuordnung besteht, welche jeweils im Auge des Betrachters steht.

§ 1.1 Digitales Gemeinschaftseigentum

Zum gemeinschaftlichen digitalen Eigentum gehören Entertainment-Accounts, die nicht (ausreichend) mit einem Passwort geschützt sind. Die Account- und Passwort-Weitergabe an Dritte (Biancas Netflix an Ingeborg durch Rosi) ist ohne Sondergenehmigung zulässig, sofern nichts Kostenverursachendes «gesaugt» wird.

§ 2 Sondereigentum im Bad

Zum Sondereigentum zählen Dinge, die Hautkontakt haben. Und teures Duschgel.

§ 3 Sondereigentum im eigenen Zimmer

Zum Sondereigentum im eigenen Zimmer zählen Dinge, die in der Socken- oder Unterwäscheschublade versteckt werden, wie:

(1) Süßigkeiten

(2) Die einzige 24er Antihaftbratpfanne im Haushalt, in der der kleine Dicke noch nicht den Leberkäse mit dem Pizzaschneider durchgeschnitten bzw. die Beschichtung mit Stahlwolle bearbeitet hat.

Rosemarie Freese   *Bianca Freese*   *Sven Mbeki Freese*

Das Erdgeschoss

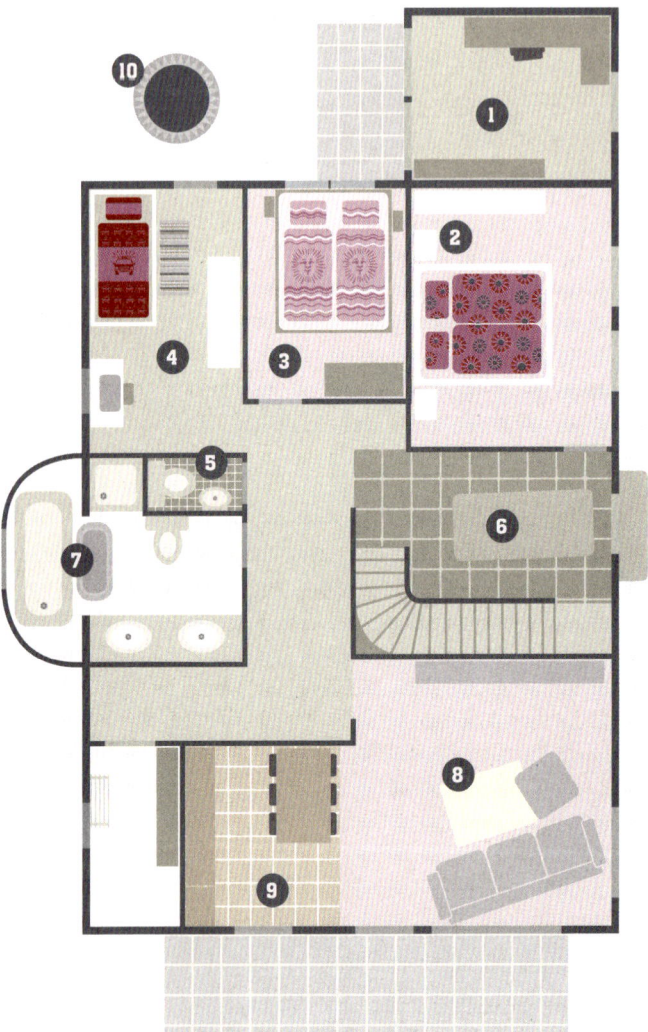

1 • ROSIS BÜRO. Home-Office und geheimes Headquarter von *Taxi Freese*. Hier wird auch der Videoblog «Freese 1 an alle» produziert. In diesem Anbau sollte eigentlich einmal ein eigenes Badezimmer stehen.

2 • ROSIS SCHLAFZIMMER. Heimstätte der Patriarchin und Tempel der Lust.

3 • BIANCAS SCHLAFZIMMER. Sandwich des Grauens: Wand an Wand mit Rosi und Svenni. Und über sich Heiko. Fühlt sich durch deren Nähe beschattet. Es gibt aber kaum etwas zu verbergen.

4 • SVENNIS REICH. War mal Biancas Jugendzimmer. Die Nähe zur Toilette und die zwei Fenster waren für Mutter und Großmutter ausschlaggebend.

5 • GÄSTEKLO. Siehe oben. Hellhörig. Fensterlos mit Abluftlösung.

6 • DER EINGANGSBEREICH. Mit Treppe ins Obergeschoss bietet gleich drei Eintrittsmöglichkeiten für den Einlieger Heiko Postel in die Lebenswelt der Freeses.

7 • BADEWANNE MIT FENSTER-ERKER. Romantic-Highlight des ganzen Hauses und schwer umkämpft. Die nebenstehende Dusche ist mit einer 180-Liter-Warmwassertherme schnell kalt geduscht.

8 • WOHNZIMMER. Hotspot. Fernseh-Ecke. Hier trifft man sich, sofern Oma Rosi nicht in Katerstarre das Sofa belegt.

9 • KÜCHE. Hotspot. Hier trifft man sich, wenn Oma das Sofa in Katerstarre belegt.

10 • DAS TRAMPOLIN.

Wir sind die Freeses
– Wohntetris

Oma: Leg doch mal das Handy wech!

Mama: Heiko geht gar nicht ran, er hat ja eigentlich Ahnung.

Man steht ratlos vor dem frisch gekauften riesigen Flachbild-fernseher.

Oma: Bianca, der Fernseher passt nicht …!

Sven: Doch, das ist geil!

Oma: Er passt nicht!

Sven: Scheiß doch auf die Schrankwand, Curved TV muss an der Wand hängen!

Mama: Wieso kaufst du 'n Fernseher, der gar nicht in die Schrankwand passt? Ich denk, du hast das ausgemessen?

Oma: Ja, der Verkäufer sagte, das ist der flachste, den man zurzeit kaufen kann, in der Größe. Und jetzt isser viel zu hoch. Und mit der Kurve von dies' Curved dachte ich halt, dass dat da so reingedreht geht – wat weiß ich denn, ihr Schlauschweinchen!!!

Mama: Mutti, bitte!

Oma: Nein, nein. Das Gerät kommt jetzt in'en Sauna-Vorraum, da ham wir 'n schönes Sofa.

Sven: Oma, bitte …!

Oma: Und den alten lassen wir hier in der Schrankwand drin.

Mama: Der ist kaputt!

Oma: Als Deko! Denn brauchen wir keine neue Schrankwand. Weil, wie sieht das denn aus, ohne Apparat?! So nackt mit dem Riesenloch, was Hassan damals für die Stecker hinten reingesägt hat.

Mama: Ja. Toll. Dies scheiß Scart-Kabel.

Oma: Der Sauna-Vorraum ist der einzige Ort, wo wir nicht direkt ins System eingreifen.

Sven: Wie?

Oma: Dieses Haus hat einrichtungstechnisch seine Endstufe erreicht, alles ist an seinem Platz. Da jetzt irgendwo unüberlegt reinzustechen … – Wahnsinn!

Mama: Ja. Du. Pass auf. Wenn wir vor der Sauna fernsehen, denn kann doch die Mikrowelle in die Schrankwand.

Oma: Willst du mich verarschen …?

Mama: Denn könnte ich mir vielleicht endlich mal 'n Boxspringbett kaufen, wegen dem neuen Platz im Küchenschrank denn.

Oma: Noch mal: Willst du mich verarschen? Was hat denn der Küchenschrank mit deinem Bett, also …

Mama: Unser Küchenschrank war perfekt! Bis Nutella die Gläser mit «plus 50 Gramm gratis» rausbrachte …

Oma: Bianca!

Mama: Warte! Die waren zu hoch! Denn musste das Regalbrett einen Nupsi höher, und denn passte das Raclette-Set nicht mehr rein, weil ganz oben war ja schon die Mikro.

Sven: Ja, und?

Mama: Seitdem steht das Raclette-Set ja unter meinem Bett! Und deshalb hab ich noch kein Boxspringbett!!! Weil, denn müsste ja alles unterm Bett raus, und wenn die Mikrowelle in den Wandschrank kommt im Wohnzimmer, denn könnte das Raclette-Set wieder in'en Küchenschrank.

Oma: Unter deinem Bett ist noch die Massageliege und die Tischverlängerung für den Esstisch.

Mama: Wann sind wir denn mal mehr als vier?

Oma: Das spielt doch jetzt keine Rolle!!!!

Sven: Nur weil Nutella so große Gläser hat, kann ich kein Curved TV haben?

Mama: Du hast ja nun gar nix verstanden, Svenni!!!

Sven: Ich hasse euch!!!

Er stampft mit beiden Füßen auf und kippt um.

Oma: Diese Schrankwand ist um den alten Apparat herum gebaut worden. Wer den Apparat in Frage stellt, stellt die Schrankwand in Frage, und wer die Schrankwand in Frage stellt, stellt ALLES in Frage! Können wir nicht einmal wie 'ne normale Familie sein?

Mama: Du hast doch den neuen Fernseher gekauft!!!

Oma: Ach so. Na ja. Vor der Sauna steht er gut und jetzt haltet mal'n Sabbel!

Sven: Oma …

Oma: Das kann richtig gemütlich werden.

Zusammenleben im Haushalt

– wer macht hier wen peinlich?

Aus Platzmangel nur ein paar Beispiele:

	Oma peinlich	Bianca peinlich	Svenni peinlich	Heiko peinlich
Oma macht		Wenn sie als sexy Krankenschwester im Latex-Kleid zum Schulfasching ihrer 10-jährigen Tochter geht.	Als der Videobeweis im Supermarkt klären soll, ob seine Oma anderen Kunden mit Absicht in die Hacken gefahren ist.	Nie. Ihm ist nichts peinlich. Wir haben lange gesucht.
Bianca macht	Weil sie Chris-de-Burgh-Fan ist.		Wenn sie panisch in der Schulklasse auftaucht, weil er bei WhatsApp nicht online war.	Nie. Ihm ist nichts peinlich. Wie gesagt…
Svenni macht	Wenn er Peter Maffay bei der Begrüßung «Opa Tutzing» nennt.	Wenn er beim «Girlsday» in ihrem Autohaus altklug die Kunden betreut.		Nie-hie!!! Höre!!!
Heiko macht	Wenn er neben ihr im Bett aufwacht, weil er in der Eule nicht so viel verträgt wie sie.	Wenn er an der Besteckausgabe der Autobahnraststätte fremde Menschen über die Penis-Wasserhahn-Rekursion aufklärt.	Wenn er ihn in Schutz nehmen will und allen auf der Musicalbühne erzählt, dass das Testosteron in Svennis Hoden seine Stimme schwächt.	

45 • ZUHAUSE

Der Keller

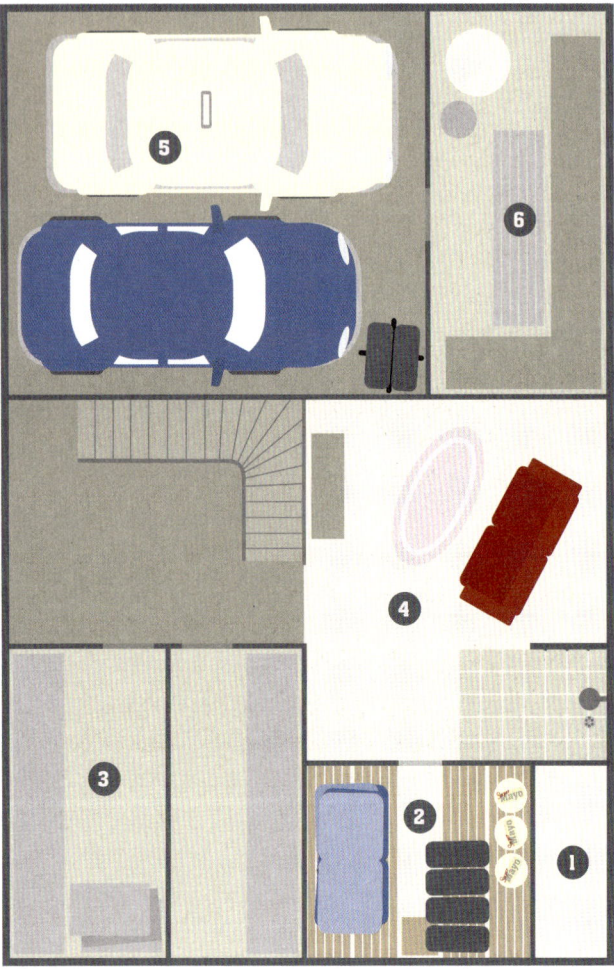

1 • DER MYSTERIÖSE GEHEIME HOHLRAUM HINTER DER SAUNA.
Früher war hier mal ein Öltank. Heute vermutet die Nachbarin Kröger darin ihren seit Jahren verschwundenen Schuhschrank. Inklusive Schuhe.

2 • SAUNA. Hier lagern Sitzauflagen, Omas Winterrreifen, dit und dat und Münzgeld im Wert von etwa 250000 Euro in diversen ausgedienten Mayonnaise-Eimern.

3 • ABSTELLRAUM POSTEL. Kartonlager mit sauber archivierten Geräteverpackungen zurück bis ins Jahr 1987. Außerdem eine Sammlung gefalteter Plastiktüten und ein ausgedienter *Abflex*-Bauchtrainer.

4 • VERLEGENHEITS-FERNSEHECKE IM SAUNA-VORRAUM. Das Gerät wurde günstig auf der Messe gekauft, passte im Anschluss jedoch nicht in das Schrankwandloch, in dem das Vorgängermodell Platz fand. Hier schaut Bianca «Criminal Minds», wenn Oma am Gerät oben hart bleibt und «Iceroadtruckers» sieht.

5 • DOPPELGARAGE. Das *Taxi Freese* 1 und der aktuelle BMW von Heiko Postel passen noch gerade so nebeneinander. Wenig Rangierplatz durch Snäckis zusätzlich abgestellten Felgenbaum mit Ausweich-Bereifung.

6 • ABGESPERRTER BEREICH. Die Werkstatt dient als Gedenkstätte und Erinnerungskapelle für Omas verstorbenen Mann Dieter, der hier noch selber Gewinde geschnitten und Vergaser gebadet hat. Alles ist noch unverändert an seinem Platz.

Die Hot-Dog-Kaufspirale

Kirsten aus Lohne fragt: *Bei uns zu Hause in der Abstellkammer türmen sich angebrochene Lebensmittelverpackungen. In diesem Zusammenhang hat Heiko Postel einmal was über geheime Absprachen im Hot-Dog-Gewerbe erzählt. Muss man das ernst nehmen?*

Liebe Kirsten,

ja. Nachforschungen des Freese-Recherche-Verbunds haben bestätigt, dass es seit Jahrzehnten geheime Absprachen zwischen deutschen Wurstabfüllern und dem internationalen Hot-Dog-Brötchen-Gewerbe, insbesondere aus dem skandinavischen Raum, gibt. Würstchengläser mit Original Hot-Dog-Würstchen gibt es demnach lediglich mit 6 oder 10 Würstchen. Brötchen gibt es nur als 4er- oder 8er-Packung.

Hot-Dog-Brötchen	Würstchen	Rest
4	6	2 Würstchen
8	6	2 Brötchen
8	10	2 Würstchen

Die Kaufspirale

4 Hot Dogs mit 2 Restwürstchen + 6er Glas neu + 8 Hot-Dog-Brötchen = 12 Hot Dogs
8 Hot Dogs mit 2 Restbrötchen + 6er Glas neu + 4 Hot-Dog-Brötchen = 12 Hot Dogs
8 Hot Dogs mit 2 Restwürstchen + 6er Glas + 8 Hot-Dog-Brötchen = 16 Hot Dogs

Fakt ist: Die internationale Hot-Dog-Mafia zwingt den Konsumenten, immer mindestens 12 Hot Dogs zu konsumieren, es sei denn, er belügt sich selbst und stellt Brötchen- bzw. Wurstreste in Küchen- bzw. Kühlschrank für «irgendwann mal» … Ha!!

Investigative Grüße
Der Freese-Rechercheverbund

Das perfekte Versteck

Donald Trump bewahrt den Zettel mit der Atom-PIN in einem kleinen Oregano-Döschen auf der Kante seiner Küchenabzugshaube im Weißen Haus auf, nachdem ihm Sicherheitsberater des *Secret Service* davon abgeraten haben, die achtstellige Nummer als «Kim Jung Bumm» in den Handykontakten zu speichern.

Ähnlich raffiniert geht Oma Rosi vor. Dass Oma Rosi den Banken misstraut, ist hinlänglich bekannt, deshalb hortet sie nicht nur Bargeld in Mayonnaise-Eimern.

Ein Fünf-Kilo-Goldbarren liegt getarnt als Frittierfettstange mit original Palmin-Folie drumgewickelt im Kühlschrank. Davor stehen zur Sicherheit noch Biancas Quittengläser, weil da geht ja sowieso keiner ran.

Der Freese-Haushalt
– bedingt einsatzfähig!

Manche Sachen will man einfach wegschmeißen, ganz egal ob kaputte Kampfhubschrauber oder abgelaufene Steaksoßen. Nicht nur die Bundeswehr ist derzeit lediglich eingeschränkt einsatzbereit, auch in deutschen Privat-Haushalten ist die Situation teilweise verheerend.

Im Hause Freese kommt man zu folgender Bestandsaufnahme.

Gegenstand	Bestandsaufnahme	Warum?
6 Bratpfannen	davon einsatzbereit: 2	Unsachgemäßer Schwamm-Einsatz mit grüner Seite
12 gute Gläser mit Goldrand	davon einsatzbereit: 7	Blind gewaschen in der Maschine sowie Goldrandabschabung mit Zähnen
4 Steaksoßen	davon einsatzbereit: 1	In der Kühlschranktür festgeklebt
23 Batterien	davon einsatzbereit: 8	Misch-Schublade mit Neu-und Altbatterien
9 Taschenlampen	davon einsatzbereit: 1	Siehe Batterien
17 Kopfhörer (Sven)	davon einsatzbereit: 0	Kabelbruch und abgebissene Ohrstöpsel
2 Kopfhörer (Bianca)	davon einsatzbereit: 1	Siehe Sven

Zusammenleben im Haushalt

Der kleine Lenny (7) fragt: *Meine Mudda sagt, sie hat im Radio bei euch gehört, dass Kinder zur Mitarbeit im Haushalt gezwungen werden können. Umsonst. Wollt ihr mich verarschen?*

Hallo Lenny,
es ist leider tatsächlich so. Es geht hier konkret um
§ 1619: Dienstleistungen in Haus und Geschäft. Svenni
Freese hatte sich beim Thema Gartenarbeit ziemlich
weit aus dem Fenster gelehnt:

*«Darüber wollt ich noch mal mit dir reden, Oma, weil für 'n
ganzen Rasen mähen – 5 Euro?
Muss ich nehmen! Festpreis! Ich komm dir ja schon entgegen. Bei Frau Kröger von nebenan hab ich 6,50 genommen,
und das war schon straff kalkuliert. Unter 5 Euro kann ich
nicht gehen, da mach ich mich kaputt.»*

Aber der Gesetzgeber steht hier klar auf der Seite seiner
Großmutter und hat die Pflicht zur Mitarbeit im Bürgerlichen Gesetzbuch geregelt. Das Kind ist, solange es
dem elterlichen Hausstand angehört und von den Eltern
erzogen oder unterhalten wird, verpflichtet, in einer
«seinen Kräften und seiner Lebensstellung entsprechenden Weise» den Eltern in ihrem Hauswesen und
Geschäft Dienste zu leisten.
Life sucks, Digga! Deine Mudda kann dich sogar anzei-
gen!!!

Heikos Wohnung

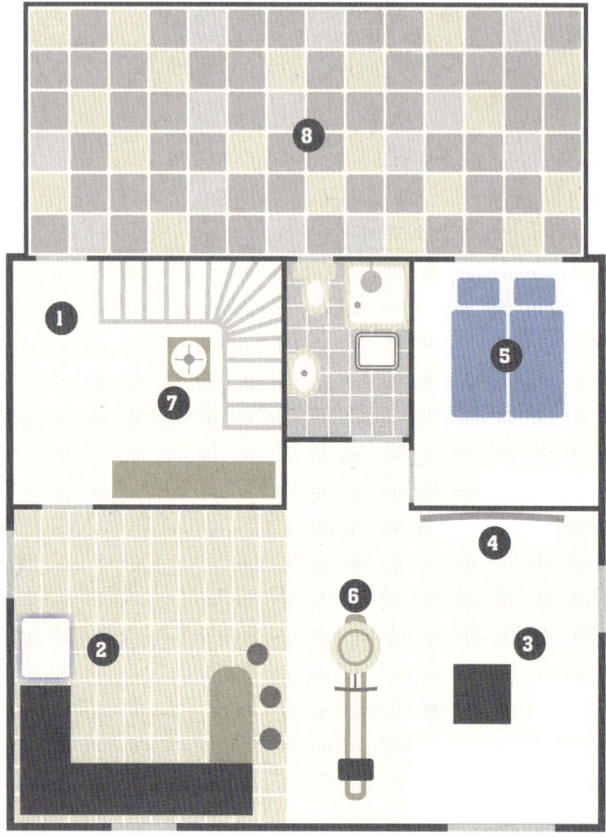

1 • VIDEOÜBERWACHTER EINGANGSBEREICH. Direkt daneben, damit es gleich ins Auge fällt, der Trophäen-Glasschrank mit den *Pirelli*-Kalendern der Jahrgänge 2012–2015, dem Förderpreis vom *Verband der Keramik verarbeitenden Unternehmen* sowie der «dicken Inge», einer klassischen Verplombungszange aus den Anfängen der Containerverplombung.

2 • KÜCHENZEILE mit einem blau beleuchteten Bar-Kühl-schrank, einem Kaffee-Vollautomaten, Testsieger im Premi-um-Segment im Jahrgang 11/17 der Berliner Szene-Fachzeit-schrift *Frisch uffgebrüht*, sowie hinter Glas an einem Magnet das teuerste Serien-Brotmesser der Welt.

3 • ENTERTAINMENT- UND LOUNGEBEREICH AUS PERLMUTT-GLANZ-LEDER. Davor Tisch aus schwarzem Rauchglas (180 Kilo) mit einer Schale Gummi-Vampire. Rutschfeste Fernbedienungsunterlage aus Naturkautschuk. Genoppt.

4 • UHD CURVED TV. Wandbefestigung in $\varnothing$ 16 mm Dübel für Sechskant-Edelstahlbolzen. Montiet durch den Aus-zubildenden Devin.

5 • DOPPELBETT. Man weiß ja nie. 7-Zonen-Matratze aus kokossiertem Fingerlatex. Damit besitzt Heiko gleich zwei Modelle der schwersten Einzelmatratze der Welt. Beim Umdrehen auf Winterseite zappelt das Ding wie ein Rie-sen-Wels, den man aus dem Wasser ziehen möchte.

6 • RUDERGERÄT *WATER-ROWER*. Macht unglaublichen Lärm und führt durch heftige Stöhn-Laute zu heftigen Verwechs-lungen.

7 • STELLPLATZ FÜR EUROCOPTER-MODELL UND KAMERADROHNE. Die Kameradrohne ist seinerzeit durch die offene Schiebetür entwichen und bei den Krögers ins Haus gerauscht, als Heiko sich beim Liebesakt aus der Luft filmen wollte (Arbeitstitel: Postel von oben!) und unglücklich auf die Fernbedienung kam.

8 • DACHTERRASSE. Hier hält Postel bei gutem Wetter Hof und kommentiert von oben die Geschehnisse im Freese-Garten.

Hasswörter,

deren öffentliche Aussprache bis auf Weiteres im Hause Freese verboten sind

Laberknochen > Handy
Quetsche > Handy
Tschauimaui > Tschüss
Menne, mein > Gatte, mein
Burzeltag > Geburtstag
Hasi und Mausi > H & M
Schlüppis > Schlüpfer
Mäckes > McDonald's
Ämaysen > Amazon
Fatzebook > Facebook
Studi > Student
Cafete > Cafeteria
Cafe Togo > Coffee to go
Amiland > USA
Ziese > Zigarette
Disse > Disco
Terrassino > Urlaub auf der Terrasse
Balkonien > Urlaub auf dem Balkon
Playse > Playstation
Mercer > Mercedes
Hangover > Hannover
Po-Wu > Pommes mit Wurst
Blöd, die > Bild, die
Malle > Mallorca
Schinamann, der > Chinesischer Lieferdienst
Schinokki, der > Schinamann, der
Atze-Datze > AC/DC
Elvis Pressluft > Elvis Presley
Fein sein mit etwas > in Ordnung finden

Recht auf privates Pech

Das Recht auf privates Glück zählt zu den Grundpfeilern der Menschenrechte, und niemand in der aufgeklärten Welt wird dieses in Frage stellen. Ebenso sollte es sich jedoch mit dem Recht auf privates Pech verhalten.

Wenn man sich selbst aus Versehen einen Bleistift ins Auge rammt, ist das schlimm genug – aber reine Privatsache. Freunde haben dann zwar meist Verständnis, verurteilende Kommentare von Familienmitgliedern und insbesondere Lebenspartnern stellen jedoch zum einen eine unrechtmäßige Einmischung und zum anderen eine unzulässige Doppelbestrafung dar.

Pech	Reaktion Freunde	Reaktion Familie
Ich hab meinen Rucksack in der Turnhalle vergessen. Jetzt muss ich noch mal zurück!	Oh Mann, Digga, du Armer.	Na toll! Wie kann man so kopflos ein?
Ich hab 300 Euro im Geldautomaten stecken lassen! Jetzt kann ich mir die Stiefel gar nicht kaufen.	Och Süße, lass dich mal drücken.	Wie kann man nur so bescheuert sein!!! Deine schönen Stiefel!!!
Ich hab mich mit meinem Arsch auf meine Kopfhörer gesetzt! Alles Schrott jetzt!	Oh nee, ne? Du hast ja nicht grad'n Lauf.	Also langsam hab ich die Schnauze voll! Du kriegst wirklich alles kaputt!
Ich hab schon wieder vergessen, die Bahncard zu kündigen.	Oh ja, passiert mir auch jedes Jahr, diese Penner.	Wieso passiert das immer nur dir, du Penner?
Tabea hat mit mir Schluss gemacht.	Die alte ...!!!	Was hast du jetzt denn schon wieder angestellt?

Die Liebe zum Tier im Haushalt

Hilke aus Wolfenbüttel fragt: *«Oma Rosi, Stichwort Tierliebe! Würden sich nicht ein Hund oder eine Katze auch ganz gut bei euch machen?»*

Liebe Hilke,

na ja, wir haben ja den Nager, das ist so eine Art Farbratte, aber das zählt ja heutzutage nicht mehr. Nein, der soziale Druck wär mir heutzutage auch einfach zu groß. Mit einem dummen Hund, der vielleicht nicht mal «gebarft» wird, bist du geächtet. Ich habe keinen Bock auf Agility, Dog Dancing oder das Rezeptbuch «Hundefutter aus'm Thermomix». Die Leute kaufen ihren Hunden Lernspielzeug, weil er muss ja mindestens so intelligent sein, dass er 'ne Gymnasialempfehlung kriegt, also wenn's das gäbe. Mal unter uns, der Cocker von unseren Nachbarn hat höchstens Hauptschule. Der bellt Autos an und beißt sich selbst in Arsch ... Von wegen Cocker-Spaniel, ein hipper Hund muss heutzutage antiallergen sein und glutenfrei oder irgendwas mit «doodle» oder «poo» am Ende haben. Zweimal die Woche geht man mit dem Köter zum Faszientherapeuten, «um Verklebungen im Gewebe zu lösen». Aber Vorsicht! Die Hundekrankenversicherung deckt das nur zu 30 Prozent. Apropos «decken» – einen Anwalt besorgt man sich auch, weil Trixi vom Nachbarsrüden mehrfach sexuell belästigt wurde. Durch den Zaun durch! Das ist alles so krank inzwischen ... Unser geflüchteter Freund Whaleed zum Beispiel: Die wohnen zu fünft in einer

Zweizimmerwohnung – er pennt in der Küche! Seine Tochter wollte gerne eine Katze aus dem Tierheim haben. Das Tierheim sagt aber: «Die Wohnung ist leider zu klein. Das Tier braucht einen eigenen Rückzugsraum!» Alles klar? Früher gab das für den Hund Bratenreste mit Kartoffeln! Und wenn er Geburtstag hatte, mal frische Hundewurst vom Schlachter oder den Knochen, wenn Opa Eisbein gegessen hatte. Das war ein Gefurze. Und beim Hund erst!!!

Liebe Grüße
Deine Rosi

#OmimachtnurSpaß

– Der Nager in der Familie

«Der Nager» ist ein Haustier, vor dem nun wirklich alle im Haushalt der Freeses Angst haben. Seinen Käfig sollte man lieber nur mit Omas Austern-Handschuh öffnen. Das Biest ist schnell und schlau, wenn es erst mal ausgebüxt ist. Es beißt die Winterreifen der Nachbarn kaputt oder lauert zu Hause auf den Treppenstufen darauf, dass Rosi unter ihm vorbeiläuft.

Dann lässt sich der Nager auf ihre Perücke fallen und verbeißt sich darin, weil er die Haare für ein Angora hält – und das sind Fressfeinde!

Kein Wunder also, dass Oma ihn damals mitgebracht hatte, als ein Fahrgast ihn in ihrem Taxi «vergessen» hatte.

Der Nager ist eine Mischung aus Farbratte, aber im Fress-verhalten eher Zwergkaninchen. Sein Gewicht biberartig. Deshalb bekommt er Beautyfutter für Farbratten sowie *Vita-Zwergkaninchen best age*. Nachts röchelt der Nager. Tagsüber liegt er wie tot im Käfig. Er macht eigentlich gar nichts. Außer Fernsehen. Er ist süchtig nach Dog-TV.

Svenni hat den Nager kurzfristig zum Internetstar gemacht. Das Bild als Gangsta-Rapper mit der Unterschrift «Hände hoch oder ich scheiße!» brachte 300 Likes!

«Uwe»
– der Familienhund

Wenn Oma während des Familien-Campingausflugs an der Müritz im Sommer 2018 abends noch eine Dose Mockturtle leer gegabelt hat, kam ein kleiner Welpe scheu zwischen den Mülltonnen hervorgelaufen und setzte sich bettelnd vor sie: Uwe, wie er später genannt wurde, da alle Hunde bei den Freeses Uwe heißen.

Zunächst musste der Hund ins Tierheim, bevor Bianca ihn nach 14 Tagen Leidenszeit endlich nach Hause holen durfte. Alle außer ihr waren gegen diesen Hund – zunächst. Doch sein wundervolles Wesen hat schon nach kürzester Zeit alle Skepsis beiseitegewischt. Zu niedlich ist der Kleine.

Er ist zu 70 Prozent ein reiner Bullpinscher, die letzten unbekannten 30 Prozent könnten alles sein. Seine kleine Naturkrause zwischen den Ohren deutet auf irgendwas mit Pudel hin. Und die sind ja schlau! Daher verwundert es eigentlich, dass er keine Wurst aus der Luft fangen kann. Auf der anderen Seite: Wer sich die Wurst, die er im Mund fangen soll, vorher in Ruhe erst mal anschaut, ist auch nicht so ganz doof.

Erster gelernter Trick – zum Nachahmen: Sobald er das Wort Bäcker hört, bockt er in die Luft. Das hat er in der *Eule* gelernt. Sobald er bockte, wurde er gefragt: «Wie macht Boris Becker in der Wäschekammer?» und wurde dann mit Weißwurst-Pelle belohnt.

Geruchsdoubletten

Gerüche lösen Assoziationen aus. Oft die falschen.

- Wenn Bianca Bernhard küsst und sein *Bulgari Black* riecht, muss sie an ihre Mutter Rosi denken, die den gleichen Unisex-Duft auflegt.
- Wenn Bernhard sich *Penaten*-Creme auf die spröden Lippen schmiert, riecht er beim Küssen wie die Arschcreme von Svenni, als er zwei war.
- Wenn Biancas Freundin Carola ihr Frucht-Shampoo verwendet, riecht sie wie eine geöffnete *Haribo*-Tüte mit Gummi-Kirschen.
- Die Lebensgefährtin von Heiko roch in ihrer Wildlederjacke genauso wie die Nubuk Teillederverkleidung in der Mittelkonsole seines 7ers.
- Die geöffnete Tupperdose mit Kohlrabi-Sticks riecht genauso wie ein offener Windel-Eimer.
- *Mit ihrer* Kokos-Stylingcreme im Haar roch Svennis Freundin Tabea seinerzeit wie ein Bounty.
- Svenni riecht durch die Verwendung desselben Weichspülers wie der Bademantel von Tabeas Oma.
- Wenn Oma Rosi ihren «Bekanntschaften» einen Klacks Zugsalbe hinter die Ohren schmiert, riechen sie wie echte Kerle, die gerade ein noch dampfendes Autobahnteilstück geteert haben.

Der HAUSHALT – Der FANCHECK

Wo wird der Videoblog «Freese 1
an alle» gedreht?

Welche Bezeichnung für die USA ist
im Hause Freese verboten?

Was hat Heiko neben seinem neuen BMW
noch in der Garage stehen?

Wo lagert Oma ihr Bargeld?

Welche «Hunderasse» ist Uwe überwiegend?

Womit macht Bianca Oma Rosi peinlich?

Womit macht Svenni Oma peinlich?

Wie viele Steaksoßen sind in der
Kühlschranktür festgeklebt?

Wie viel nimmt Svenni fürs Rasenmähen
von Oma Rosi?

Wer oder was ist die «dicke Inge»?

(Auflösung auf Seite 268)

KAPITEL 3

ROSI FREESE

NAME: Rosemarie Freese

GEBOREN: 8. Juni 1951

STERNZEICHEN: Zwilling

KÖRPERGRÖSSE: 164 cm

GEWICHT: 72 kg

HAARFARBE: blond(iert)

PERÜCKE: Business-Modell «Schwedenrot» sowie
Thermoperücke mit zwanzigprozentigem
Merino-Anteil

GESCHWISTER: –

FAMILIENSTAND: verwitwet

KINDER: 1

HOBBYS: Armdrücken, Eule, Wrestling gucken

MUSIK: Peter Maffay, AC/DC

BERUF: Taxifahrerin, ehemals Autoscooter-
Einparkerin, abgebrochene Ausbildung zur
Zahnarzthelferin

REFERENZMENSCH: Bonnie Tyler (am selben Tag
geboren)

ICH BIN: Mal ein Kätzchen, mal ein Puma.
Aber immer auf dem Sprung!

Oma Rosi

– der Hausbesuch

Rund fünf Jahre nach unserem ersten Treffen stehe ich in Rosemarie Freeses Privatgemach. Sie ist nicht da und hat mir dennoch gestattet, mich umzusehen. Das Fenster steht noch leicht auf Kipp, und der Qualm einer nicht vollständig ausgedrückten Zigarette zieht in den Vorgarten. Schnell werde ich von vorbeispazierenden Fußgängern ins Visier genommen. Ich versuche hektisch, mögliche Missverständnisse abzuwinken, aber es wird bereits getuschelt. Diese Frau hat einen Ruf. Dieser Puma zieht sich seine Beute in aller Regelmäßigkeit in die eigene Höhle.

«Lass uns Armdrücken machen!», war eine der ersten Bemerkungen von ihr, als wir uns begegneten. Ich hatte ein wenig in der Nachbarschaft und in der Gaststätte *Zur Eule* recherchiert.

Eine Frau mit Schausteller-Blut, die auch mit über 60 Jahren noch auf der «Raupe» rückwärtsfahren kann. Auf dem Jahrmarkt ist immer noch eine Fahrgeschäftsmalerei auf dem Autoscooter zu bewundern, auf der Rosi in Hot Pants abgebildet ist und den vergnügungssüchtigen Gästen ein «Bump me Baby» zuhaucht.

Die Figur von damals hat sie gehalten, wie auf einigen Selbstporträts an der Fotowand unmissverständlich zu bestaunen ist. Aber sie ist etwas ledriger als früher. Zu stark gebräunt. In all den Jahren im Solarium hat sich der Wunsch in ihr manifestiert, eines Tages so braun zu sein wie der Sänger Vico Torriani, wenn man früher im Farbfernseher die Farbe voll reingedreht hat.

Neben dem Aschenbecher liegt eine Packung *Lux Filter* aus dem Reservebestand dieser aussterbenden Marke, den sie im Keller hortet. Mit dem Druck der Zigarette heilt sie alles. Warzen, Pickel, offene Wunden. Für alle anderen Lebenslagen gibt es *Balistol* und *Pferdesalbe*. Eine ganze Batterie davon findet sich in der Nachttisch-Schublade, zusammen mit einer Schachtel Menthol-Zigaretten. Wenn man mal erkältet ist. Unter einer offenen Tüte Weingummi, in der sie wie immer alle weißen übrig gelassen hat, liegen ein paar Allzweck-Asse als letzter Ausweg aus einer Skat- oder Poker-Misere.

Dort wo früher eine kreisrunde Bettlandschaft in Leoparden-Optik stand, sieht man noch die plattgedrückten Ränder im Teppichboden. Die Hose, die aus dem übrig gebliebenen Stoff geschneidert wurde, hängt über einem Stuhl. Das neue Doppelbett ist etwas funktionaler als sein Vorgänger, aber nicht minder in Gebrauch. Die Bezüge sind auf beiden Seiten des Bettes zerwühlt. Zeugnis eines weiteren Abenteuers in der *Eule*. Ein angebissenes Stück Camembert auf dem Nachttisch und ein Teller mit Spiegeleier-Resten sprechen Bände.

Ihr Körper sei eine Gabe Gottes, betont sie bei jeder Gelegenheit und verweist in diesem Zusammenhang auf ihren tiefen Glauben. Und nur zur Sicherheit benutzt sie Hämorrhoidensalbe für ihre Augenlider – ein Trick eines befreundeten Apothekers, zu dem sie ihren Enkel schickt, um sich nicht die Blöße zu geben. Auch ihr Gesichtspeeling ist chemisch. Die Oberlippe ist gewaxt. Das Rasieren mit dem alten *Braun* ihres Dieters weckt einfach zu viele Gefühle. Ein paar falsche Wimpern liegen auf dem Nachttisch, und die Businessperücke ist etwas achtlos über das Heizungsthermostat gehängt worden. Sie fühlt sich tatsächlich wie ein Angora-Meerschweinchen an und ist zu meiner Überraschung absolut geruchslos. Auf dem

Fensterbrett darüber ist der Deckel der Haftcreme für Rosis Teilprothese schief auf die Tube gedreht worden. Eine weibliche Angewohnheit, die ich zu Hause hasse!

Ein Maniküre-Set steht daneben. Rosis Nägel sind aus gehärtetem UV-Gel, und der aufgekantete Zeigefinger dient ihr als Multitool, mit dem sie Fleischwurst anritzt und in der Küche das Ceranfeld abschabt.

Mit diesem einen Finger hat sie sich und ihre Freundin Ingeborg einst in der *Eule* vor einem schweren Sturz bewahrt, als sie sich wie eine Freeclimberin am Kneipentresen festgekrallt und mehrere Minuten diese Stellung gehalten hat.

Ihre unglaublichen Rumpfkräfte lässt sie sich einmal in der Woche beim Cranio von Masseur Ricardo weichkneten. Ihre Glieder jedoch sind steinhart. Stolz ist sie auf ihren Gnubbel am Fuß: Hallux valgus sei schließlich die Fußkrankheit der Stars!

Welche Gedanken gehen dieser Frau durch den Kopf, wenn sie sich zwischen den Wochenenden alleine auf diesem Tempel der Lust bettet? Nur schleppend findet sie in den Schlaf und benötigt das monotone Rauschen des Geschirrspülers, um loslassen zu können.

Nach all den Jahren ist sie mir immer noch ein Rätsel. Mit dem fordernden Zupacken eines Rottweilers stellt sie sich ihren Problemen in den Weg. Jahrelang litt sie unter der Unfähigkeit, rohes Hack anfassen zu können, bis sie in einer selbst auferlegten Konfrontationstherapie brutal ihr Gesicht in einen Fünf-Pfund-Haufen Mischhack fallen ließ. Nur ein Beispiel.

Und dann ist Rosi auch wieder zärtlich und mitfühlend mit dem Herzen am rechten Platz – unfähig, nein zu sagen. Weswegen sie unter anderem zwei Eigentumswohnungen im Osten gekauft hat. Der arme Makler, noch so jung.

Mein Auge fällt auf den Bikini mit spitz zulaufenden C-Körbchen, der zum Trocknen neben einer ganzen **Batterie** Nylonsöckchen auf dem Wäscheständer hängt. Im **Freibad** macht sie in dem eleganten Zweiteiler ein «Eisbein» vom Dreimeterbrett. Die vorherige Lautsprecher-Ansage des Bademeisters an alle anderen Badegäste erkauft sie sich mit **einer Zehn-Euro-Spende** für die DLRG-Jugendkasse. In dieser **Geste** liegt im Grunde alles, was diese Frau ausmacht: Entschlossenheit, Anmut, Mitgefühl.

Oma Rosi
– die Fakten

Rosis Ehemänner

Männer gab es sicherlich genug im Leben der **Patriarchin**. Aber es waren netto nur zwei, denen sie auch vor **Gott und der Kir**che ewige Liebe versprach.

1. *Heinz Menk (Heinzi)*, Scheidung 1969
   Ablösesumme: ein BMW 2000
2. *Heinz Menk*, Scheidung 1975
   Ablösesumme: das Haus, in dem sie heute lebt
3. *Dieter Freese*, verwitwet 1976
   Ablösesumme: das Taxiunternehmen *Taxi Freese*

Spitznamen von Rosemarie Freese

1. Rosi
2. Asphalt-Freese bzw. Ober-Freese
   (in der Taxibranche)
3. Gürtel-Rosi (früher am Autoscooter)
4. Maffay-Maus (Online-Nickname)

Geheimfotos von Weltstars

Seltene Aufnahmen von Bigfoot oder der Queen, die sich den Finger in die Nase steckt, können den Fotografen berühmt machen. Sobald Rosi einen vermeintlichen Promi sichtet, schleicht sie sich mit dem Handy bis auf 50 cm heran und tut so, als würde sie nach besserem Empfang suchen oder eine SMS schreiben. Dabei gelangen u.a. sensationelle Aufnahmen.

1. Wahrscheinlich *Erol Sander* ...,
   ... der die Strandpromenade auf Amrum mit einem Häufchen-Beutel entlang spazierte.
2. Wahrscheinlich der *dicke Klaus* ...,
   ... der tatsächlich in einem Burger-Restaurant den Zwei-Kilo-XXL-Burger vernichtete

Rollenspiele

Oma Rosi verkleidet sich reichlich. Nicht nur zum Fasching. Hier eine Auswahl ihrer raffiniertesten Outfits:

1. *Krankenschwester*, weiß, lack (Schulfasching)
2. *Catwoman* (hinterm Lenkrad im Taxi)
3. *Lederkatze* (inwiefern sich das von Catwoman unterscheidet, bleibt im Nebel der Erinnerungen)
4. *Donald Trumps Tochter* (mit Ingeborg als Donald Trump)
5. *Miley Cyrus* (inklusive «Wrecking Ball» am Hinterteil wie in dem bekannten Video)
6. Als *Lehramts-Studentin,* die sich als eine Oma verkleidet hat (perfide Täuschung, um ahnungslose knackige Studenten rumzukriegen)

Ängste und Phobien

Hat nach dem Skat-Abend immer Angst, dass der *Fernet Branca*-Adler sie holt.

*Schmetterlinge sind auch nur
schwule Motten.*
ROSI

Die Society-Lady

Rosi Freese ist Schirmherrin bei

1. *Taxi for Peace* der Taxi-Innung
2. *Dinner for Africa* der Tennis-Damen des *TC Waldesruh*

Das Erbe der Freeses – Rosis Vermögen

1. Das Haus
2. Die Firma
3. Die Mayonnaise-Eimer
4. Der Goldbarren in der *Palmin*-Verpackung

Schnapsideen

Ja ja, die Allmachtsphantasien am Kneipentresen. Der Schnaps
flüstert einem die dollsten Sachen ein. Folgende Innovationen
haben es immer noch nicht zum Patentamt geschafft.

1. *Das Käsedeckchen*
   Eine hauchdünne runde Riesen-Scheiblette in Teller-
   format, die man über die warme Mahlzeit legt, an der
   sie sich unmittelbar festschmilzt.
2. *Hähnchenfett als Schleckstein*
   Das Brausebonbon für Liebhaber des Deftigen.
3. *Der Curryketchup-Brunnen*
   Wursthappen werden in die Soßen-Kaskade getunkt.

4. *Flüsterreifen für Koffer-Trolleys*
   Warum ist das immer noch nicht am Markt? Was ist so
   schwierig daran?? Hä???

Kulinarisches von Rosemarie Freese

Die Patronin ist auch durch ihren extravaganten Geschmack
fest im Herzen der Hörer verankert. Als Trendsetterin weiß sie
auch immer wieder mit ausgefallenen Verzehrvorschlägen zu
überzeugen:

- Oma frühstückt nur drei rohe Eiern mit einem Schuss
  Maggi und bleibt bis 11.30 Uhr topfit.
- Oma zieht im Landgasthof Schwarzsauer durch einen
  Strohhalm.
- Oma isst Äpfel mit Kernen, und Avocado auch schon mal,
  wenn der Appetit stimmt.
- Oma isst Hähnchenflügel komplett mit Bröselknochen
  sowie Garnelen mit Schale. Wer will dieses Gefummel?!
- Oma hat im Auto-Verbandskasten immer eine Dose
  Spezi und ein Not-Tütchen Beef Jerky versteckt, an das
  Svenni nicht rankommt.

Rosi und die Stars

Die Lady schweigt und genießt. Aber über folgende Begegnun-
gen wissen wir Bescheid.

1. Peter Maffay

Er verfiel der damals frisch Geschiedenen im Jahre 1975 bei
einem Autoscooter-Besuch an der Ostsee und verbrachte die
Nacht mit ihr am Strand, wie später noch ausgiebig ausgeführt
wird.

2. AC/DC

Die damals noch unbekannten Australier trafen nach einem Konzert-Auftritt in einer Hamburger Kneipe auf das Rock-Groupie. Die für sie teilweise verstörende Begegnung verarbeiteten sie im Titel «Whole Lotta Rosie».

3. Roland Kaiser

Gleich zweimal stieg der Schlagerstar in ihr Taxi. Einmal just in dem Moment, als Rosemarie, wie sie selber ungeniert preisgibt, «gerade durch die Hose ausgeatmet hatte». Weitere Annäherungen an Kaiser erübrigten sich für dieses Mal. Etwas später stieg er erneut zu. Ein Blitzer-Foto sollte als Beweis für Freunde und Bekannte dienen, jedoch hat die Bußgeldstelle den Schlagerstar anschließend geschwärzt. Und auch erotischen Avancen gegenüber blieb der Sänger standhaft. Ihr einziger Korb.

4. Heiner Geißler

Sie saß beim Radiopreis 2015 auf seinem Schoß. Rein freundschaftlich.

5. Sting

Beim Radiopreis 2016 wäre es im VIP-Shuttle auf der Fahrt zurück ins Hotel beinahe zum Äußersten gekommen. Aber Sting war laut Rosi zu sehr Gentleman. «Wirklich viel zu sehr!»

6. Till Demtrøder

Der Schauspieler, der im Jahr 2016 den Old Shatterhand bei den Karl-May-Festspielen in Bad Segeberg gab, verfiel dem Puma nach einem Proben-Meet-and-Greet und verbrachte das ganze Wochenende mit ihr im Hotel, bis NDR-Mitarbeiter dieser Amour fou aus Sicherheitsgründen ein Ende bereiteten.

Die TV-Allzweckwaffe ging Oma Rosi auf dem Schützenfest 2018 ins Netz, womit sich auch eine eiserne Regel abermals bestätigte: «Wird auf dem Schützenfest ‹Sexy› von Marius Müller Westernhagen gespielt, geht Oma Rosi nicht allein durch den Sommer.»

Das Problem ist doch! Frauen wollen KEINEN Sex, weil sie Kopfschmerzen haben, und Männer wollen Sex, WEIL sie Kopfschmerzen haben.

ROSI

Wir sind die Freeses

– Alles geregelt

Mama: Leg doch mal das Handy wech!

Oma: Ich hab 'n schönes Grab gefunden! Nur ein Block weiter von dein' Vater!

Mama: Wie bitte?

Oma: Toplage, und das Angebot war einfach supergeil. *(Kunstpause)* Wenn ich mal nicht mehr bin …

Mama: Jetzt hör auf damit! Das ist ja mal wieder so billig von dir! Nur, weil ich mir einmal eine eigene Wohnung angeguckt hab.

Oma: Ja, ich ja auch. Quasi.

Sven: Oh Oma!!!

Auftritt Heiko Postel.

Heiko: Ich denk du wollst mit bei dein' Dieter rein? Moin Leute!

Sven: Heiko! Sie macht ja nur Quatsch. Moin.

Oma: Nee, ich weiß ja gar nicht, ob ich noch jemanden kennenlerne, was Ernstes! Und denn zu dritt da drin – Schweinkram – nein. Nein. Ich hab ja schon mehr oder weniger einen Stein ausgesucht, der wird nächste Woche denn aufgestellt.

Mama: Was soll denn das?

Oma: Ja, also erst mal nur das Geburtsdatum, das machen viele jetzt, weil, wer weiß, wie die Preisentwicklung ist? Und soll ich ihn mir inne Garage stellen so lang?

Mama: Bitte nicht …!

Heiko: Wie? Wo meine Sommerreifen auf'm Felgenbaum stehen?

Sven: Gibt das wirklich Leute, die den Stein sich da schon hinstellen, wenn sie also noch, ja, noch leben?

Oma: Ja, geh mal übern Friedhof. Ingeborg hat vor vier Jahren schon angefangen.

Mama: Du verarschst mich!

Oma: Ihre kleinen Buchsbäume sind schon zu 'ner Hecke zusammen.

Heiko: Hat deine Carola auf ihrem Resthof nicht auch alten Baumbestand, Bianca?

Oma: Wat meinste damit denn?

Heiko: Ja nee, was du sagtest, Rosi, dass man denn nicht bei null anfängt wie in so'n Neubaugebiet.

Mama: Jetzt hör mal auf, Heiko!!!

Oma: Bianca …!

Mama: Ja.

Oma: Wenn ich mal nicht mehr sein sollte …

Sie blickt theatralisch an die Decke.

Mama: … Mutti!

Oma: … dann ist alles schon schier, also, wenn ich mal nicht mehr bin!

Mama: Jaha!!! WIR HABEN ES VER-STAN-DEN!!!

Oma: Nee, und äh, Ingeborg geht auch auf Nummer sicher, falls sie eher dran ist als ihr Mann, weil der ist geizig ist und keinen Geschmack hat.

Heiko: Er macht 'ne gute Wurst in seiner Schlachterei!

Oma: Ja.

Heiko: Der Prager Schinken.

Oma: Meinetwegen.

Heiko: Die Blutminis.

Oma: Ja, Heiko, aber sie hatte Angst, dass er denn nachher so 'n hässliches weißes Ding in Piano-Lack besorgt.

Mama: Wie? 'ne Kiste hat sie auch schon?

Sven: Könnt ihr mal aufhören!!!!?

Oma: War 'n Schnäppchen! Ein Versicherungsschaden. 100 Prozent Zirbenholz mit Aufleistung.

Heiko: Zirbe? Da macht Til Schweiger doch Brotkästen draus für seinen Shop, und das soll lange frisch halten!

Mama: Ah ja.

Sven: Dann packt euch doch in Tupperdosen, wenn ihr mal nicht mehr seid!!!

Alle: Svenni!

Sven: Können wir nicht einmal wie 'ne normale Familie sein?

Oma: Nee, guck mal jetzt auf dies Foto. Um die Ecke von meinem Grab sind Wasserbrunnen und Komposthaufen.

Heiko: Nee, also praktischer geht's ja nicht.

Oma: Nech? Es zählt ja nur Lage, Lage, Lage!!!

Die Trümpfe des Lebens

Es muss ja nicht immer gleich der Lottogewinn sein. Manchmal widerfahren einem die dollsten Dinger direkt aus dem Nichts. Rosi Freeses Highlights of Life waren unter anderen:

Das Skatspiel mit dem US-Schauspieler Telly Savalas in dem heute unvorstellbaren bundesdeutschen TV-Format «18, 20, nur nicht passen – Skat und Musik am Wochenende» mit Moderator Hans Heinz Röll. Dazu ein Ausriss aus Rosi Freeses Tagebuch:

... und denn war da ja immer ein Stargast, dat war Telly, also so hab ich ihn später genannt, mir wurde er als Mr. Savalas vorgestellt. So einer mit Glatze, der wusste wahrscheinlich auch nicht, wie er da in diese Show kam. Er war nämlich ein flüchtiger Bekannter von Freddy Breck, und beide teilten sich in Deutschland eine gemeinsame Autogramm-Adresse, hieß es. Auf jeden Fall: Freddy Breck hatte Magen-Darm, und es ging einfach nicht mehr. Aber er hatte ja Telly dabei. So, und ich war Publikumsspielerin. Hansi hat mich ausgesucht, und als Dank hab ich ihm dann mit ein Null ouvert die Hosen ausgezogen. Später Brüderschaft mit Röll und Telly am Hoteltresen.

Mit dem Schauspieler Patrick Bach bei der Spaßbad-Eröffnung:

... ich weiß gar nicht, wie das kam. Ich saß im Whirlpool. Auf einmal kommt der Bademeister mit einem von der Stadtverwaltung und sagt, ich soll jetzt mal rauskommen. Der Bürgermeister will mit Star-Gast Patrick Bach noch 'n Foto von der Eröffnung im Whirlpool. Außerdem würde ich da jetzt schon seit 'ner Dreiviertelstunde drin sein, und den beiden ist kalt, hieß es kackdreist. Ich mein, bei dem Kerlchen reichte ein kurzer, scharfer Blick. Letztlich sind Bürgermeister und Star-Gast dann doch zu mir ins Warme gekommen und ja, is 'n schönes Foto geworden. Für die Wochenzeitung. Hat Bianca gemacht.

Ein Fernseh-Auftritt als Leiche im ZDF-Klassiker Aktenzeichen XY:

Endlich zahlt sich aus, dass mir dieser Typ vom zweiten Programm ins Taxi gereiert hat. Ich durfte als Leichendarsteller mitspielen bei Aktenzeichen. Ich war eine Bankiersgattin aus dem Taunus und sollte, so wollte es der Regisseur, ein Roastbeefbrötchen mit Remoulade und gefächerter Gurke verspeisen. Und denn steh ich da und warte auf meinen Ehemann Werner, so hieß der, war er aber nicht, weil das war der Einbrecher, und der gab mir einen über die Rübe und denn lag ich da 'n halben Tag auf dem kalten Fliesenboden. Und in der Drehpause hatte ich Hunger und hab dat Brötchen aufgegessen. Denn hatte ich aber später Remoulade am Kinn.

Als Leiche. Und denn gingen die ersten Anrufe
ein, und die Leute haben vermutet, dass Leiche
und Täter noch zusammen Remoulade gegessen
haben mussten. Ein Scheiß. Und die Bild-Zeitung
hat noch wochenlang Jagd gemacht auf den Rou-
laden-Killer vom Taunus! Du ahnst es nicht.

*Zwei Schlümpfe (auf einmal!) am Greifer-Haken vom Greifer-Au-
tomaten:*

Heute ist der glücklichste Tag meines Lebens.
Ich bin die Königin der Welt. Bin mit meinem
Wagen nach langer Zeit mal wieder «Dammer
Berge» abgefahren. Ich hatte Bockwurst-Hun-
ger. Die Frau an der Kasse gab mir genau einen
Euro wieder. Das war das zweite Zeichen, nachdem ich nachts schon diesen merkwürdigen, aber
nicht unangenehmen Traum hatte, nackt in einem
leeren Stofftier-Greifer-Automaten zu liegen.
Und Hassan hat dann von draußen den Greifer
per Joystick gesteuert und, na ja ... – auf jeden
Fall zog ich mit dem Greifer einen Schlumpf aus
dem Haufen, der mit den Beinen huckepack auf
einem andern Schlumpf hing und ihn an seinem
Kopp mit aus dem Glaskasten bugsierte. Später
noch drei Matrosen per Anhalter aufgegriffen.
Ein geiler Tag!

Wenn ich bei was ganz Langweiligem zugucken muss und nicht wegkann, dann ist mein Körper nur noch eine Hülle, und ich lauf in mir selbst eine Wendeltreppe runter und schalt nach außen auf Autopilot.

ROSI

Augentourette

Chris aus Eutin fragt: «*Oma Rosi hat mal davon gesprochen, dass sie Augentourette hat. Gibt es das eigentlich wirklich?*»

Lieber Chris,
diese Frage ist fast schon ein wenig beleidigend. Nix für ungut, aber gerade bei der Aufarbeitung zentralnervöser Beeinträchtigungen lassen wir natürlich stets journalistische Sorgfalt walten. Mit Augentourette beschreiben Wissenschaftler im Allgemeinen die Unfähigkeit, in bestimmten Situationen nicht wegucken zu können. Beispielhaft sind dafür folgende Situationen:

- *Der Zwang, in öffentlichen Verkehrsmitteln den Handy-Chatverkehr Wildfremder auf deren Display mitzulesen bzw. mitzumurmeln.*
- *Der Zwang, in Zügen oder Flugzeugen tonlos die abgespielten Filme des Sitznachbarn auf dessen iPad mit anzuschauen.*
- *Der Zwang, im Fitnessstudio Werte wie Tempo, Kilome-*

terleistung und Kalorienverbrauch der «Konkurrenz»
auf den benachbarten Crosstrainern abzulesen und den
eigenen Einsatz entsprechend anzupassen.
- *Der Zwang, einer Fotoserie Wildfremder auf dem Dro-*
  gerie-Fotodrucker nebenan zu folgen und sich ggf. mit
  anmaßenden Kommentaren zu Wetter, Urlaubsunter-
  kunft, Strandfigur oder dem angeblich kompromittieren-
  den Charakter der Schnappschüsse aufzudrängen.

Zwanglose Grüße
Andreas Altenburg

Omas Blitzer-Album

Oma Rosi ist eine toughe Geschäftsfrau auf der Überholspur.
Im wahrsten Sinne ...! In ihren sentimentalen Momenten blät-
tert sie in ihrem Blitzer-Album, in dem sie die schönsten und
bedeutendsten Schnappschüsse der Autobahnpolizei aufbe-
wahrt.

«Eine wunderschöne Aufnahme, wie
ich finde. Ich sah die Radarfalle schon
50 Meter vorher, abbremsen hatte keinen Sinn mehr. Einen Entenschnabel
wie Sophia Thomalla aufzusetzen war
das Einzige, was mir für ein schönes
Foto noch möglich war. Ach und ja, mit
Zeitung auf dem Lenkrad, das waren
noch Zeiten, das war noch gemütliches
Cruisen.»

«Huch?! Hier such ich grad im Fuß-
raum nach meiner Zigarette. Dat
Scheißding war mir in der Tempo-
30-Zone am Straßenhubbel aus der
Hand gefallen. Aber da zahlt sich
Gelenkigkeit aus – immer noch die
Hand am Steuer!!!

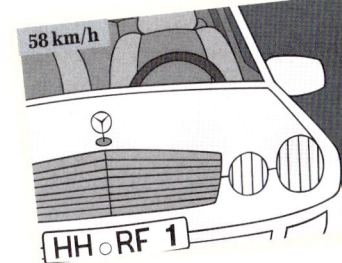

«Da sind wir alle mal drauf, und keiner guckt bescheuert. Im Radio lief
«I love Rock 'n' Roll» und ich knat-
terte bestens gelaunt durch 'ne Bau-
stelle auf'er A7. So 'n schönes Foto!
Das hab ich extra noch zehnmal
abziehen lassen, für Weihnachts-
karten, ich kenn da einen auf der
Bußgeldstelle. Merry X-mas!

«Wat für 'ne Sauerei!!! Glaubt es oder glaubt es nicht.
Neben mir sitzt Roland Kaiser!! Ich bin extra in den Radar
am Ortseingang gebrettert, um mal 'n schönes Selfie von
den Polypen zugeschickt zu kriegen! Und dann schwär-
zen sie ihn aus. Datenschutz! Leute ...!!!»

Oma Rosi & Peter Maffay

Die Wahrheit über Peter Maffay –
von Rosemarie Freese

«Rosi, Rosi, es ist so weit!
Vergiss die Mädchenträume und halte dich bereit.
Der Tag geht abends schlafen und wacht als Morgen auf.
Doch aus dem Kind von gestern wird nur langsam
eine Frau.»

Dies ist die Originalversion des Liedes «Josie» von Peter Maffay.
Auf mein Bitten hin hat er später auf eine Veröffentlichung unter diesem Titel verzichtet. Was war geschehen?

Es war 1975. Ich war bereits zweimal geschieden von Heinzi
Menk. Es sollte einfach nicht sein. Ich war traumatisiert, und
dass ich nach der letzten Scheidung auch noch das Haus von

ihm bekam, in dem wir heute noch wohnen, war nur ein schwacher Trost. Wirklich. Nee, also ehrlich jetzt!

Und Peter gab mir die Kraft, wieder an mich zu glauben. Am Leben teilzunehmen. «Der Tag geht abends schlafen und wacht als Morgen auf!»

Ich war grad 24 Jahre alt geworden. Der Vietnamkrieg war zu Ende, und wir jungen Leute genossen die letzten Monate ohne Gurtpflicht. Gladbach war Meister geworden, und meine damalige Freundin Irene war in Berti Vogts verknallt. Glaubst dat? Und im Sommer war eine Schlagershow mit Dieter Thomas Heck in Timmendorf an der Ostsee. Und da war Jahrmarkt. Weil *Hansaland* gab's da noch nicht. Und so steh ich da mit ein paar jungen Leuten am Autoscooter und werd angequatscht, von wegen «Na, wie heißt'n du steiler Brummer?». Eine absolute Pfeife. Volker. Aber sein Kumpel, der gefiel mir. Plötzlich tauchte er an den Chromstangen des Autoscooters auf, und seine nussbraunen langen Haare und die kleine freche Warze über der Lippe haben mich sofort weich in den Knien werden lassen.

Seine Kumpels waren völlig überrascht, da Peter offensichtlich vorher davon gesprochen hatte, keine Zeit zu haben. Er wollte einfach mal allein sein.

Ein Blick von uns beiden hat gereicht. Ich wusste damals noch nicht, wer er war. Aber beim Autoscooter haben wir uns ineinander verguckt und verbrachten die Nacht. Das singt er ja auch in dies' andere Lied, von wegen «es war Sommer»!

Viele Fans glauben heute noch, dass es in diesem Hit aus dem Jahre 1976 um eine fiktive Erfahrung mit einer doppelt so alten Frau ging. Das stimmt aber nicht.

Denn die Frau war ich! In dem Lied hat Peter Maffay ein Jahr später unsere gemeinsame Nacht in Timmendorf verarbeitet. Zu sehr war er in dieser Zeit gekränkt, dass ich mich in der Zwischenzeit in einen Taxifahrer verliebt hatte. Hier der Beweis, Zeile für Zeile:

«Es war ein heißer Tag, der letzte im August.»

Da waren wir in Timmendorf an Autoscooter.

«Die Sonne brannte so, als hätte sie's gewusst.»

Oh ja ...

«Die Luft war flirrend heiß und um allein zu sein, sagte ich den anderen, ich hab heut keine Zeit.»

Was ich schon erwähnt hab.

«Da traf ich sie und sah in ihre Augen.»

Damit meint er mich.

«Und irgendwie hatt' ich das Gefühl, als winkte sie mir zu und schien zu sagen, komm setz dich zu mir!»

Da waren wir schon am Autoscooterfahren. Er mit seinem Kumpel und ich allein. Denn hab ich gewunken und zu Peter gesagt: «Komm setz dich zu mir.» Also in meinen Wagen rein.

«Ich war 16 und sie 31.»

Das waren unsere Wagennummern.

*«Und über Liebe wusste ich nicht viel. Sie wusste alles, und
sie ließ mich spüren, ich war kein Kind mehr.»*

Ja, ich hab mich zumindest bemüht. Dann gingen wir beide
noch an den Stra-hand – und weiter weiß ich nicht.

Die Liebe ihres Lebens:
Dieter!

Hier ruhen

Dieter Freese

*13. August 1942
gest. 20. März 1976

Rosemarie Freese

von Taxi Freese

*8. Juni 1951

gest. ...

Wir stehen auf dem Friedhof am Grab Dieter Freeses.

Der Weg ist akkurat geharkt. Die Pflanzen geschnitten.
Hier kümmert sich eine Witwe mit grünem Daumen. Wir wis-
sen von Rosi Freese, dass sie regelmäßig die Grabstelle ihres
Mannes besucht, um Zwiesprache zu halten. Mehr als 40 Jahre
nach seinem Tod ist er immer noch ihr engster Vertrauter. Ihr
Lehrer. Ihr Vorbild.

Noch auf dem Sterbebett, als alle Umstehenden sprachlos ob der Tragödie waren, die sich vor ihren Augen abspielte, hat der Patron seiner Frau drei goldene Fragen nahegebracht, mit denen man eben ein solches betretenes Schweigen spielerisch durchbrechen kann.

«Soll das noch schneien?»
«Na, wer wird Meister?»
«Wer hat Lust auf Eierlikör?»

Es war der 20. März 1976, als Dieter Freese bei der Geburt seiner Tochter zusammenbrach. Das Herz! Nicht einmal ein ganzes gemeinsames Jahr hatten die beiden Liebenden hinter sich gebracht, und doch haben sich seine noblen Eigenschaften und kleinen Marotten tief in die Erinnerung seiner Witwe eingebrannt. Wie sie ihn jedes Mal wieder beim Sportschau-Gucken rumgekriegt hat, mit Duftkerzen und Rosenblättern und, wenn das mal nicht half, mit Spare Ribs. Zahllose erotische Super-8-Filme haben sie gedreht, auf VCR-Video. «Super 8» war der Titel!

Die kleinen Hände, die sich anfühlten wie die eines Fünfjährigen, spürte sie immer noch, als sie später ihren Enkel an der Hand in den Kindergarten brachte. Doch er konnte zupacken! Dieser Mann konnte mit allem, was er in die Hand nahm, eine Bierflasche öffnen. Bei einem Strandbesuch auf Fehmarn nahm er spontan vier Tonnen Kieselsteine im Hänger als Tragschicht für die Hollywoodschaukel mit nach Hause. Sie waren die erste Familie mit einer solchen Schaukel im Garten. Das Knarzen der alten Federn lässt sie beim leichten Schaukeln mit einem Glas Jäggi-Cola in der Hand, den er auch so liebte, in eine andere Welt hinüberträumen. Eine Welt, in der er sie immer noch mit seinen Füßen spielerisch, doch fest, dort kneifen konnte, wo sie trotz all der gelebten Sorglosigkeit eine kleine Verspannung hatte.

Beide bauten in kürzester Zeit das gemeinsame Taxi-Unternehmen zur Nummer 1 der Stadt auf. Und dass sie, als Witwe, dieses Unternehmen auch mit einer frisch geborenen Tochter in seinem Sinne und aller Kraft, die sie aufbringen kann, weiterführen wird, hat sie ihm noch am Sterbebett, mit der Kleinen auf dem Arm, versprochen. Für alle weiteren letzten Wünsche ihres Gatten gibt es leider keine Zeugen. Wir müssen Rosi Freese in dieser Sache einfach einmal Glauben schenken, dass sie folgendermaßen lauteten:

«Kauf unserer Tochter niemals ein Pony.»
«Geh wieder tanzen und triff Männer.»
«Ein Korn.»

Wie kalt und herzlos hätte man sein müssen, um diesen letzten Willen zu missachten.

Sein alter *Braun*-Rasierer riecht immer noch nach der vertrauten Talgigkeit. Seine Tochter Bianca verriet mir einst das Gerücht, dass Rosi Freese immer noch täglich an einem geheimen Ort den Verschluss des Fläschchens *Hattrick*-Rasierwasser aufdreht, um eine kleine Wolke der Erinnerung in sich aufzunehmen. Das einzige fotografische Zeugnis der gemeinsamen Zeit mit ihrem Mann ist eine immer blasser werdende Postkarte aus dem Nordseeheilbad Büsum. Darauf ist zu sehen, wie er, Dieter Freese, beinahe unscheinbar, Eis schleckend und in Badehose, sich mit der Hand Wattschlick aus derselben pult. Von einem Fotografen ungefragt auf dem Deich aufgenommen. Damals eine Unverschämtheit. Heute ein Segen.

Mit einer kleinen Stickerei in der Gästetoilette wird dieser tolle Mann mit alle seinen Lebensweisheiten gewürdigt, auch was die Bevorratung mit vierlagigem Toilettenpapier angeht.

Wer billig kauft, faltet doppelt.
– DIETER FREESE –

Der Heiratsantrag

(aufgesprochen auf eine Aufnahmekassette, die Dieter Freese im Autoradio des neuen Taxis deponiert hatte)

> *«Meine liebe Rosemarie, wenn du dies hörst, bist du mit deinem neuen 123er unterwegs, und auch wenn ich mal nicht mehr bin, soll dies für immer dein Freese 1 sein. Und deswegen möchte ich dich in diesem Zuge fragen: Möchtest du mich heiraten? Dein Dieter»*

Die Postkarte aus Büsum: einzige Abbildung Dieter Freeses

Das Totboxen von Mücken

Carsten aus Peine fragt: «*Es gab mal eine Folge, in der es darum ging, ob man Mücken totboxen kann. Wie war eigentlich das Ergebnis?*»

> Lieber Carsten,
> eine Mücke in der Luft totzuboxen ist die einzige Möglichkeit, sie zu erschlagen, ohne dass es zu Flecken auf der Tapete kommt. Wir erinnern uns an die entsprechende Folge immer wieder gerne:
>
> Oma Rosi: «*Bianca, dein Vater, mein Dieter, dein Opa mein Svenni, der konnte Mücken in der Luft totboxen! Er hat sie totgeboxt, ich hab dat live gesehen, und denn sind sie sauber runtergerieselt ...*»

Diese Annahme von Oma Rosi konnte jedoch in einem Versuchsnachbau des Virginia Polytechnic Institute in Blacksburg nicht bestätigt werden.

Mückenleichen auf Windschutzscheiben zeugen zwar von der Fähigkeit eines Kfz, das mit 80 Kilometer pro Stunde auf eine Mücke zufährt, diese zu erschlagen. Die menschliche Faust ist zu solchen Leistungen jedoch nicht imstande.

Der ehemalige Profiboxer Klitschko, also der eine von beiden, benötigt für einen ausgeholten Boxschlag 0,2 Sekunden und legt dabei eine Schlagdistanz von 1,5 Metern zurück, das entspricht einem Schlagtempo von 7,5 Meter/Sekunde und somit 27 Kilometer/Stunde.

Das Erstaunliche dabei ist, dass die Klitschko-Faust gerade mal die Schlagkraft eines leicht frisierten Mofas aufweist. Das ist ja gar nix! In dem Tempo fährt Oma über den Drive-in-Parkplatz. Der wissenschaftliche Beweis für die Fähigkeit Dieter Freeses, Mücken in der Luft totzuboxen, konnte also, zumindest wissenschaftlich, leider nicht erbracht werden.

Sportliche Grüße
Andreas Altenburg

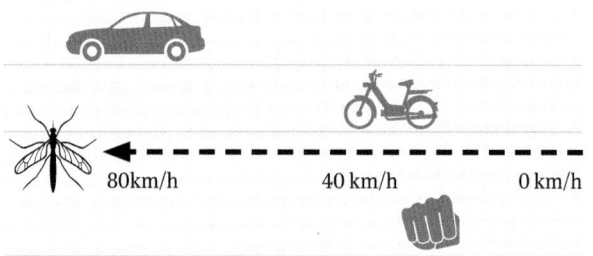

80 km/h   40 km/h   0 km/h

Gemeinschaftseigentum

Immer wieder gibt es Ärger, wenn Rosi Freese auf einem ihrer Friedhofsbesuche die Harken und Gießkanne anderer Grabpfleger «entleiht».

Dabei ist Gemeinschaftseigentum im öffentlichen Raum im Bürgerlichen Gesetzbuch geregelt. Ein Paragraph, der bisher ein Schattendasein führte, führt Dinge auf, die zwar in Privatbesitz sind, die aber jeder jederzeit benutzen darf:

- **Friedhofsharken** sowie alle Gegenstände (ebenso Gießkannen und Besen), die hinter Grabsteinen gebunkert werden.
- **Milch aus dem Bürokühlschrank** sowie alle Großpackungen in Betriebsküchenschränken. Hervorzuheben sind hierbei Pfefferminzteebeutel.
- **Fahrradpumpen** an öffentlich abgestellten Rädern.
- **Mülltonnen** bzw. Müllcontainer, in denen man Hundehäufchenbeutel, Kaffeepappbecher und Plastikmüll aus dem Auto-Fußraum entsorgen kann.
- **Verlassene Duschgel-Flaschen** in Schwimmbad oder Fitnessstudio.
- **Feuerzeuge und Kugelschreiber**, die auf Büroschreibtischen liegen gelassen werden.
- **WLAN-Netze in der Nachbarschaft**, die einem je nach Aufenthaltsort in den eigenen vier Wänden eine zuverlässigere Netzabdeckung gewährleisten.
- **Katzen**, denen nachts ein kuschliges Bettende, ein Katzenklo und ein Kratzbaum zur Verfügung gestellt werden, die aber trotzdem tagsüber nichts Besseres zu

tun haben, als bei irgendeiner rauchenden Oma auf dem Sofa zu sitzen und mit ihr Soko Kitzbühel zu glotzen, während Großmütterchen am Zigarettenstopfen und am Wegdampfen ist.

Oma ROSI – Der FANCHECK

Welche Modellfarbe hat Rosis Businessperücke?

Wie viele Geschwister hat Rosi?

Auf welchem Jahrmarktkarussell kann Rosi
immer noch stehend rückwärtsfahren?

Welche Zigarettenmarke raucht Rosi?

Welche physikalischen Kräfte sind an Rosis
Körper besonders ausgeprägt?

Welche Ablösesumme hat Rosi nach der ersten
Scheidung von Heinz Menk bekommen?

Welchen Nickname benutzt Rosi,
wenn sie online ist?

Wovor hat Rosi nach einem ausgedehnten
Skatabend immer Angst?

Aus welchem tierischen Fett würde Rosi
gerne mal einen Schleckstein machen?

Wie viele rohe Eier frühstückt Rosi mit
'nem Schuss Maggi?

(Auflösung auf Seite 268)

KAPITEL 4

DIE EULE

Partys in der Eule

Eigentlich ist in der *Eule* jeden Abend Halligalli. Aber ein paar feste Termine gibt es dann doch, um den Stammkunden ein wenig Halt und Sicherheit zu geben.

2. OKTOBER: *«Ernteparty»*
Nur Ernte 23 rauchen

Rauchen ist ja die Urform von Inhalieren.
Und Reyno, dat is ja wie mit Wick Vaporup!
ROSI

3. OKTOBER: *«Einheiz»-Party*
Fest zum Beginn der bundesdeutschen Heizperiode.
Offizielles Andrehen des Thermostats in der Eule

LETZTER SAMSTAG VORM 1. MAI: *Tanz in den Mai*
Tanz und Armdrücken

IM HERBST: *Die «Schluck-Impfung»*
Handwarmer Oldesloer in hohen Dosen

WEIBERFASTNACHT ZUM FASCHING: *«Weiber fast nackt»* *in der Eule.*
Das Motto spricht hier für sich.

JEDEN FREITAG: «DEUTSCHROCK-NIGHT»

Rosi tanzt dazu trotzdem Salsa.

Der Geruch in der Eule

- Die **Basisnote** in Möbeln, Wand- und Bodenbelägen setzt sich zusammen aus kaltem Rauch in den Gardinen und Küchenschmiere.
- Dann haben wir Röstzwiebeln und eine Nuance Bratensoße in der **Herznote**.
- Und die **Kopfnote** ist Rosi Freese selber, wenn sie «Poison» von *Dior* draufhat.

Die Drinks aus der Eule

1. JÄGGI-COLA: Hierbei erschmeckt Rosi zwar nicht immer den Unterschied zwischen Jäggi oder Chivas, aber wer sie mit Cola light statt zero verarschen will, bekommt ein Problem.

2. BOMMI MIT PFLAUME: Ein Klassiker, den retro-orientierte Bar-Hipster bisher noch nicht entdeckt haben.

3. KULTDRINK «DALLI DALLI»: Asbach/Eckes im Mischungsverhältnis 40 zu 60.

4. SAMBUCA ZIMT: Zweifelhaftes Rachen-Inferno, bei dem der Sambuca im Mundraum angezündet und mit Zimt aus dem Streuer zum Auflodern gebracht wird.

5. SCHATZ IM SILBERSEE: Man nehme ein Schnapsglas, fülle es mit handwarmem *Doornkaat* und drapiere ein Sardellenfilet über den Glasrand.

Wir sind die Freeses

– Matjes-Nacken

Mama: Leg doch mal das Handy wech!

Oma: Nee, ich guck grad, ob ich noch'n Termin bei Ricardo krich. Ich hab'n Matjesnacken.

Heiko: Wie bitte?

Oma: Ich hab'n Matjes-Nacken!

Sven: Soll ich's dir schnell wegmassieren, Oma?

Oma: Das ham gestern schon alle in der *Eule* versucht, du weißt ja, wie die Matjes-Abende enden.

Sven: Aber Oma ...

Oma: Ganz lieb, mein Süßen, aber da muss 'ne Fachkraft ran.

Heiko: Wieso, was war denn?

Oma: Ich bin die Matjes-Prinzessin. Zum sechsten Mal!

Heiko: Wieso, wer ist denn dann die Königin?

Oma: Gibt dat nicht.

Heiko: Ach so, weil ich dacht schon.

Oma: Anderthalb Stunden Kopf in'n Nacken, bis jeder sein Selfie mit mir gemacht hat.

Mama: Wer ist eigentlich auf die Idee gekommen, dass man sich den Fisch von oben so in'n Mund hangeln muss?

Sven: Pinguine!

Mama: Ja gut, aber das ist unappetitlich.

Oma: Hallo? Das ist sinnlich! Wenn du dir beim Matjes-Essen nicht die Klamotten versauen willst, musst du die Fähigkeiten eines Kranführers besitzen.

Sven: Oder mit Messer und Gabel, hat sich ja auch bewährt ...

Heiko: Ja. Aber man kann es ja auch vom Teller essen und so übern Rand lutschen.

Mama: Es ist Brauchtum: Matjes hängt von oben rein. Vom Teller lutschen tut man Crèpes, also das isst man ja mit Pappe!

Heiko: Du meinst AUF Pappe.

Sven: Nein, meistens mit der Pappe. Je nach Drang und Verzehr-Dringlichkeit.

Heiko: Ich meine, das ist reines Show-Essen, Rumgeschocke.

Oma: Matjesessen kommt aus der Ergotherapie, und in der *Eule* testen sie so deine Fahrtauglichkeit. Wenn man sich mit geschlossenen Augen 'n Matjes von oben gegen die Nase haut, nehmense dir'n Autoschlüssel weg.

Heiko: Ja, aber du machst das doch auch, weil du dann der Star bist.

Oma: Ich repräsentiere! Ich bin die Prinzessin!

Heiko: Das ist wie mit diesem Weißwurstgezuzzel oder mit Stäbchen essen beim Chinesen, nur um andere in Verlegenheit zu bringen.

Sven: Wenn meine Oma im *Landgasthof* Schwarzsauer mi'm Strohhalm isst, denn ist das aber still im Saal, oder Oma?

Oma: Ja, ja.

Mama: Es hat dieses Archaische noch.

Heiko: Ja, und Merkel hat ja Obama schon beim Weißwurstessen gezeigt, wo der Frosch die Locken hat, damals bei seinem Gipfelbesuch.

Oma: Ja.

Heiko: Denn gibt das jetzt auch diese Fotos, wo sich unsere Kanzlerin 'n ganzen Hering von oben reinhängen lässt.

Mama: Das sieht ja aber schlimm aus, bei Mutti auch.

Heiko: Und da können Typen wie Putin noch so lang oben ohne mit 'ner Kalaschnikow durch die Taiga reiten. Stell dir mal vor: Der nächste Griechen-Gipfel, und Merkel zieht sich erst mal 'n Matjes rein – auf ex!

Mama: Ja.

Sven: Meine Oma isst Äpfel mit Kernen! Und Avocados auch.

Oma: Das war 'n Versehen. Aber rutschte sauber durch.

Mama: Können wir nicht einmal wie 'ne normale Familie sein?

Lieber Pik-As als Aspik!
ROSI

Ingeborg
– die Freundin

«Rosi und die Dicke!!!» – so werden sie in der *Eule* von den anderen genannt, wenn es nach Rosi geht. Meinetwegen noch «Rosi und Ingeborg» aber niemals «Ingeborg und Rosi»! Tanzen in der *Eule* ist immer ein unausgesprochener Wettstreit zwischen beiden. Insider der Kneipe wissen: Wenn Ingeborg ihren dritten Jäggi-Cola hatte, heißt es immer: «Spitz, pass auf!»

Ingeborg wurde in Erfurt geboren.

Sie hat eine Schlachterei zusammen mit ihrem Ex-Mann. Ihr gehört der Laden, und er hat das Patent für die «Blutminis». Ingeborg hat einen kleinen Enkel Namens Jethro (geb. ca. 2016), der Ingeborg «Oma Fleisch» nennt. Sie selber liebt Blutsuppe und Schwarzsauer.

Ingeborg kennt ihren Platz hinter Rosi eigentlich genau. Sie ist BFF und Wing-Woman. Nur ein einziges Mal hat sie aufgemuckt und wollte tatsächlich selber Matjes-Prinzessin in der *Eule* werden. Das Verhältnis der beiden Frauen war in dieser Zeit eh etwas abgekühlt, weil Ingeborg sich in einer ganz miesen Thermomix-Phase befand. Als Ingeborg anfing, Bridge zu spielen, stand die Beziehung sogar kurz vor dem Ende. Außerdem rauchte sie E-Zigarette. Noch mal ein Abzug.

Beide kennen sich schon ewig, aber richtig zueinandergefunden haben sie erst, als Rosi ihr bei *Aldi* eine Dose Sauerkraut an die Wade geworfen hat, weil Ingeborg ihr den letzten *Aldi*-Computer wegschnappen wollte. Aus dieser Neckerei wurde schließlich Freundschaft.

Ingeborg hat erst 2016 schwimmen gelernt!

Tragisch! Ihr Koi-Karpfen starb 2018 an der Karpfenlaus.

Die Leistung der Zecke

Kai Warnke aus Rinteln fragt: «*Ihr habt Rosis Freundin Ingeborg mal mit einer Zecke verglichen. War sie da nicht sauer?*»

Lieber Kai,

woher denn? In diesem Zusammenhang ging es ja nur darum, die Blutsaugeleistung einer Zecke in einer Vergleichsstudie hervorzuheben.

Die Zecke legt durch das Blutsaugen noch einmal das 200-fache ihres Körpers zu.

Rosis Freundin Ingeborg liebt ebenfalls Blutsuppe bzw. «Schwarzsauer».

Ingeborg hat bei ihrer Körpergröße ein Körpervolumen von etwa 60 bis 70 Litern. Um die gleiche Blutsaugeleistung der Zecke zu vollbringen, müsste Ingeborg also in etwa 14 000 Liter Schwarzsauer leer löffeln, was dem Fassungsvermögen eines Garten-Aufstellpools entspricht.

Viele Grüße
Andreas Altenburg

Heidi Sievers
– die Feindin

Heidi Sievers gilt als miese Schlange aus dem Tennisclub, die sich zwischen Ingeborg und Rosi drängen will!

Die Ursache der Feindschaft liegt lange zurück. Als Rosi als Schriftführerin bei einem Tennisturnier gebunden war, nutzte Heidi Sievers nach freiwilligem Ausscheiden in der ersten Runde die Gunst der Stunde und holte sich sieben Stunden lang am Stück ohne jede Konkurrenz einen *Taxi Freese*-Fahrer nach dem anderen auf die Tanzfläche.

Dabei gilt sie nach wie vor als Ulknudel. Man sieht es nur nicht wegen Botox und Hyaluron!

Heidi hat Rosi in der Hand wegen Beweisen für Rosis Manipulationen am Münz-Föhn im Tennisclub, wurde aber 2018 selber an der Club-Bar mit einem mitgebrachten Piccolo erwischt. In den späten 2000ern gab es eine unschöne Szene, als Rosi Heidi beim Benefiz-Turnier die Verwendung von Fertig-Waffelteig nachweisen konnte. Dabei gilt seit jeher im *TC Waldesruh*:

> Das Einzige, was wir aus der Flasche gießen, ist Campari!

Es kam zu einem Gipfeltreffen im Knabberfische-Becken im Wellness-Hotel in der Ahlhorner Heide, über dessen Ergebnisse beide schweigen. Aber es hat die Damentennismannschaft gerettet.

Der Zwei-Euro-Test

Kann ich noch fahren? Diese Frage beantwortet Oma Rosi neben dem bereits beschriebenen Matjes-Test außerhalb der Saison mit dem Zwei-Euro-Test:

Sobald Oma an einem Glas Sekt o. Ä. nippt, verrutscht langsam ihre Perücke auf dem Kopf, und zwar in Stirnrichtung. Solange jedoch immer noch ein Zwei-Euro-Stück zwischen Perücke und Augenbrauen passt, ist alles okay.

Der Tag danach

Erst mal schön gemütlich'n Kaffee im Bett!

Dann Klamotten zusammensuchen, und ab nach Hause ...!

Competitions in der «Eule»

Der Drang, sich mit anderen zu messen, ist besonders bei Rosemarie Freese überdurchschnittlich ausgeprägt. Wo andere Kneipenbesucher sich jedoch aus Langeweile einer Schlägerei hingeben, wird der Zweikampf in der *Eule* mit einem gewissen Anspruch ausgefochten.

1. Bitter-Skat

Statt um Pfennig-Einsätze geht es hier um den Strafverzehr italienischen Magenbitters. So kam es im Übrigen zu der ausgeprägten Phobie Rosemaries, dass sie eines Tages der *Fernet Branca*-Adler holt.

2. Armdrücken

Der Sieger bleibt sitzen, heißt es seit jeher in der *Eule*. Und so ist es seit Jahren Rosi Freese, die in dieser Disziplin herausgefordert werden muss.

3. Kornkreise

Wie der Name schon sagt, gehen mehrere Runden Korn rum. Der eigentliche Wettkampf-Charakter erschließt sich dann am Ende auch nicht mehr so richtig.

4. Solei-Saugen

Tja. Auch wieder so ein Brauch, an dessen Entstehung man sich nicht so Recht erinnern kann. Fest steht, dass ein hartgekochtes Ei der Größe M möglichst schnell durch ein ein Meter langes Staubsaugerrohr gesaugt werden muss. Bei einem späteren Weltrekord-Versuch wurde ein transparentes Plexiglas verwendet, um diesen jungen Sport videotauglicher einem breiteren Publikum zugänglich machen zu können. (Anm. Red.: breit im Sinne von größer)

URKUNDE

für

Rosemarie Freese

**über den
Weltrekord im Eiersaugen**

*100cm in 4,88 sec.
am 12. Mai 1987*

Bezeugt von:
Hassan, Speedy, Detlef
(Vertrieb Nord Vorwerk/Deutschland)

Kulturpiraterie

Als Künstler kann man es sich nicht immer aussuchen, was die Leute aus den eigenen Songs raushören, und vor allem nicht, wer deine Fans sind. Folgendes Liedgut wurde durch eigenwillige Interpretationen gekapert:

DIE ÄRZTE: «WESTERLAND» – *ironische Auseinandersetzung mit der Schicki-Micki-Insel der Deutschen* gekapert als Party-Musik und Selbstbestätigung für Sylt-Promis, die zum Refrain grölend die Champagner-Pulle in die Luft recken

RIGHEIRA: «VAMOS A LA PLAYA» – *zynischer Protestsong gegen Sorglosigkeit bezüglich Umweltverschmutzung und Atomkrieg* gekapert als: Partysong, um genau diese Sorglosigkeit abzufeiern

BOTS: «WAS WOLLEN WIR TRINKEN» – *Friedenshymne für Entenschuhträger* gekapert als: Sauf-Animation auf Zeltfesten und in Landdiskotheken

CORA: «AMSTERDAM» *tragisches Lied über Drogenmissbrauch in Amsterdam* gekapert als: Party-Hymne für Drogenmissbrauch in El Arenal

DIE TOTEN HOSEN: «TAGE WIE DIESE» – *rührseliger «Punk-Schlager» über die Jugend in Düsseldorf* gekapert als: Wahlsieg-Hymne der CDU nach den Bundestagswahlen

Die EULE – Der FANCHECK

Asbach und Eckes in einem Mischverhältnis 40 zu 60:
Wie heißt dieses Kultgetränk?

Wie oft war Rosi Matjes-Prinzessin in der Eule gewesen?

Welchen Spitznamen hat Ingeborg nach
dem dritten Jäggi-Cola?

Was muss zwischen Rosis Perücke und Augenbraue
noch passen, damit sie sich nach der Eule noch hinters
Steuer schwingt?

Welche Eiergröße gilt beim Solei-Saugen?

Wie werden Rosi und Ingeborg von den anderen
Gästen genannt?

Aus welchem Therapiezweig stammt
angeblich das Matjesessen?

Was bildet die Herznote des Eule-Geruchs?

Wann findet die jährliche «Ernteparty»
in der Eule statt?

Warum hat Heidi Sievers Rosi in der Hand?

(Auflösung auf Seite 268)

Sagt der Urologe zu seinem Patienten: Herr Müller, Sie müssen mit dem Onanieren aufhören!

Wieso?

Weil ich Sie sonst nicht untersuchen kann.

KAPITEL 5

TAXI FREESE

Im Taxi

Ich sitze in einem alten Mercedes Benz, der nach kaltem Rauch und altem Leder riecht. Eine geöffnete Dose Mockturtle, in der eine Plastikgabel steckt, steht vor mir im Fußraum. Rosi Freese ist noch am Kauen und steuert ihr Fahrzeug mit der Seelenruhe einer routinierten Berufskraftfahrerin durch den Verkehr.

Sie trägt die mokkabraune Wildlederweste, die ihr der Firmengründer Dieter Freese hinterlassen hat. Die weinrote Business-Perücke schabt am Anfang der Fahrt noch am Autohimmel, und ich befürchte elektrostatische Aufladungsschocks, habe Angst, dass sie mich berührt. Nach einer Weile sackt Rosi jedoch immer weiter im Sitz nach unten, sodass sie kaum mehr über das Lenkrad hinwegschauen kann.

Das aktuelle Modell fährt sie seit 18 Jahren. Sie fährt nach Gefühl und liest auch während der Fahrt Auszüge aus der Tagespresse sowie Mitteilungen auf ihrem Handy. Ansonsten lehnt sie technischen Schnickschnack ab und schwärmt mir von ihrem Alleinstellungsmerkmal vor: «Wir fahren noch mit Köpfchen und nicht mit Navi! Bei uns wird die Scheibe noch gedreht.»

Und in einer kleinen Demonstration kurbelt sie das Seitenfenster herunter. Bei der Gelegenheit brüllt sie noch rasch eine Familienmutter auf einem Lastenfahrrad an. Wir sind auf dem Weg zu einer Dialyse-Fahrt. Mit diesen Bestellfahrten für Stammgäste macht die Seniorchefin den Großteil ihres Umsatzes. Die Alten zahlen noch in bar, und was das steuerlich bedeutet, lässt sich an den diversen mit Münzgeld prall gefüllten Mayonnaise-Eimern bestaunen, die in der Sauna versteckt sind.

Das Unternehmen Freese hat immer noch einen ausgezeichneten Ruf, dank seiner bestens vernetzten Chefin. Zum vierzigsten Firmenjubiläum (unter ihrer Leitung) wurde im Restaurant *Landgraf* mit 200 Gästen und Stargast Lou Bega ausgiebig gefeiert. Das dies auch der vierzigste Geburtstag ihrer Tochter Bianca und der vierzigste Todestag ihres Dieters war, sei dahingestellt. Den Taxiverband, das Autohaus *Menk & Bode*, den Allgemeinmediziner Hase, der regelmäßig ihre Fahrtauglichkeit überprüfen muss – alle hat sie im Griff. Sie hat sogar einen eigenen Sachbearbeiter beim Kraftfahrt-Bundesamt in Flensburg. Walter Böhme regelt ihr Punktekonto in ihrem Sinne. Zum Dank ist sie leicht bekleidet und äußerst sexy in die Radarfalle gefahren. Das Foto hat sie ihm gewidmet.

Und auch ihre Fahrer wissen, was sie an ihr haben. Gut bezahlt und jedes Jahr zu Weihnachten eine Mettwurst. Dass ihre Gesangs- und Tanzeinlagen auf der jährlichen Weihnachtsfeier die aktuelle #metoo-Debatte mit Füßen tritt, muss dann von den Mitarbeitern auch einfach mal hingenommen werden.

Fahrer Taxi Freese
1. Hassan
2. Speedy
3. Teddy
4. Schlachter

Nicht mehr dabei: Dieter Freese, Olli Mörs, Jochimsen, Rübe

Strafkatalog
1. Pinkeln – 50€
2. Kotzen – 100€

Einzig verbliebene Konkurrenz im Ort
1. Taxi Hagemann

Körperverletzung

Der Sänger Roland K. (66) fragt: «*Als ich mit dem Taxi gefahren bin, hat die Fahrerin einen fahren lassen, was ich als Körperverletzung empfand. Liege ich richtig?*»

Lieber Roland,
ob der Straftatbestand einer Körperverletzung vorliegt, hängt von der Schwere Ihrer Übelkeit und etwaigen Spätfolgen ab. Grundsätzlich ist der Begriff der Körperverletzung im Strafgesetzbuch wie folgt geregelt:

§ 223 Abs. 1 StGB
Eine körperliche Misshandlung ist jede üble unangemessene oder substanzverletzende Behandlung, die das körperliche Wohlbefinden mehr als nur unerheblich beeinträchtigt.

Diese mehr als nur unerhebliche Beeinträchtigung wurde im Fall eines damals Zehnjährigen nachgewiesen, der nach einer Klassenfahrt einen Herbergsvater auf Schadensersatz verklagte, der während einer Nachtwanderung urplötzlich mit einer Taschenlampe im Mund aus dem Gebüsch sprang und den Zehnjährigen vor Zeugen zum Schreien brachte. Generell fällt «Erschrecken» unter den Straftatbestand der Körperverletzung, stellte das Gericht fest.

Mit freundlichen Grüßen
Deine Rosi Freese

Hassan

Er ist der starke Mann mit Fistelstimme an Rosis Seite bei *Taxi Freese* und erotischer Notnagel, wenn die Nächte lang sind und in der *Eule* nichts geht. Geboren 1955, ist Hassan mit 20 Jahren aus der Türkei als Gastarbeiter nach Deutschland gekommen. Damals hatte Dieter Freese ihn als Fahrer bei *Taxi Freese* eingestellt. Konkurrenzbewerber war damals Joschka Fischer, der den Job aber nicht bekam, weil er in Turnschuhen zum Bewerbungsgespräch auftauchte. So ist Hassan inzwischen dienstältester Fahrer der *Freese*-Flotte und Rosis rechte Hand. Nach dem Tod von Dieter Freese stand Hassan der jungen Witwe Rosemarie in dieser schwierigen Zeit zur Seite, kroch Heiligabend in engen Polyesterhosen bei Rosi über den Teppich, um den Weihnachtsbaum aufzustellen, oder brachte zwischen zwei Flughafen-Fahrten schnell eine Flasche *Rotbäckchen* für die kleine erkältete Bianca vorbei. Seit 1990 ist man per Du, und das Brüderschaftsgelübde wird jedes Jahr feierlich bei der *Taxi Freese*-Weihnachtsfeier erneuert.

Über die Jahre entstand ein blindes Grundvertrauen zwischen Hassan und Rosi, das weit über ein normales Arbeitsverhältnis hinausgeht – also seeeehr weit! Hassan ist nämlich inzwischen eigentlich glücklich verheiratet, schafft es aber immer wieder, seine Frau von der «Harmlosigkeit» der doch recht engen Beziehung zu seiner Chefin zu überzeugen. Ob nun als Helfer im Alltag bei Hausmeister- und Gartenarbeiten, als Elektronik-Fachmann oder auch als mahnender Zeigefinger, wenn mit Rosemarie Freese mal wieder die Pferde durchgehen – Hassan ist so etwas wie Rosis Schutzengel mit breiter, stark behaarter Brust. Mit seinen behaarten Unterarmen soll er laut Rosi sogar Eingebranntes vom Herd schrubben können.

Hassan fährt Rosi nach langen Abenden in der *Eule* nach Hause, verwöhnt sie mit Zigaretten, Käse-Lollies und Jäggi-Cola von der Tankstelle, und er beherbergt in seinem Wintergarten sogar Rosis altes Wasserbett, welches weichen musste, als Bianca mit ihrem Svenni wieder bei Rosi einzog. Aber so hat Rosi zumindest ab und zu noch etwas von dem Bett, zum Beispiel, wenn Hassans Frau bei der Verwandtschaft ist …

Es ist ein Geben und Nehmen auf Augenhöhe zwischen Hassan und Rosi: Jeden Samstagnachmittag rasiert sie Hassan den Rücken, dafür feiert er mit ihr Fasching. Meist verkleidet er sich zwar nicht, weil er mal als Huhn in einen offenen Gully gefallen ist, aber Rosi sieht in ihm an Fasching trotzdem Burt Reynolds, Dr. Schiwago, Super-Mario oder den frühen Waldi

Hartmann. Hassan ist ein Netzwerker, hat gute Kontakte über seine große Familie in sämtliche Geschäftsbereiche. So vermakelt sein Bruder Versicherungsschäden, teilweise schon bevor die Schäden entstehen. Auch er ist ein guter Bekannter von Rosi, denn man hat bei Geburtstagen schon zusammen auf dem Balkon geraucht. Hassans Bruder hat die Begabung, sich Raki im Mund anzuzünden und dann Zimt draufzukippen! Was für ein Spektakel. Rosi hatte Hassan sogar mal mit seiner ganzen Familie eingeladen, sie im Urlaub in Cala Ratjada zu besuchen – Bianca war sichtbar irritiert, als die 23 Cousins plötzlich bei ihnen im Appartement standen …

Inzwischen hat Hassan mit dem einen und anderen gesundheitlichen Problem zu kämpfen, so machen ihm sein Blutdruck und eine komische, immer wiederkehrende Sache an der Lippe zu schaffen. Aber Unkraut vergeht nicht, und so werden Rosi und Hassan noch oft ihren traditionellen Piccolo aus der Nikolaus-Stiefelette trinken und die eine oder andere Schnapsidee zusammen entwickeln.

TAXI FREESE – Der FANCHECK

*Welcher Stargast stand beim vierzigsten
Firmenjubiläum auf der Bühne?*

*Wie viel müssen Fahrgäste laut Taxi Freese-
Strafkatalog fürs Kotzen im Auto zahlen?*

*Wie heißt das Konkurrenz-Unternehmen
aus demselben Ort?*

*Wer hätte Hassan fast den Job vor der
Nase weggeschnappt?*

*Aus welchem Gefäß trinken Rosi und Hassan
traditionell ihren Piccolo zusammen?*

Seit wann sind Hassan und Rosi per Du?

*Welches Lebensmittel erhalten die Fahrer
alljährlich als Gratifikation?*

Was gabelt Rosi im Taxi kalt aus der Konservendose?

Wie lautet die Telefonnummer von Taxi Freese?

*Bitte diesen Satz ergänzen: «Wir fahren noch
mit Köpfchen und nicht ...»*

(Auflösung auf Seite 268)

KAPITEL 6

BIANCA FREESE

NAME: Bianca Freese

GEBOREN: 20. März 1976

STERNZEICHEN: Fische

KÖRPERGRÖSSE: 166 cm

GEWICHT: ▮▮▮ 69 kg

HAARFARBE: Braun

GESCHWISTER: Leider nicht (eine jüngere Schwester wäre schön gewesen ...)

FAMILIENSTAND: Verlobt mit Bernhard Dicken

KINDER: Ein ganz toller Junge!

HAUSTIERE: Uwe, unser Bullpinscher, und der Nager

HOBBYS: Nordic Walking, Esoterik, Akkordeon spielen, Einwecken, Thermomix, Internetbewertungen schreiben, Handarbeiten

MUSIK: Oonagh, Chris de Burgh, Elton John und alles, was eine Message hat

BERUF: Service-Mitarbeiterin am Mietwagen-Counter und Betriebsrätin eines großen norddeutschen Autohauses, Trageberaterin

SCHWARM: Cherno Jobatey

LIEBLINGSESSEN: Raffinierte, leichte, gesunde Gerichte ... und mit Käse und Schinken

ICH BIN: Eine Hohepriesterin aus Atlantis

Bianca Freese
– der Hausbesuch

Ihr Zimmer ist das kleinste. Es liegt eingepfercht zwischen dem Refugium ihrer Mutter und dem müffelnden Jugendzimmer ihres Sohnes Svenni. Die stampfenden Bässe seiner Videospielmusik dröhnen herüber – nicht einfach für eine Frau, die allein vom Geräusch anderer schlafender Menschen nicht zur Ruhe findet.

Als alleinerziehende Mutter stellt sie ihre eigenen Bedürfnisse zurück. Sie gestattet sich jedoch, von einem eigenen Leben zu träumen, und flüchtet sich immer wieder in ausgedachte Identitäten. Regelmäßige Besuche mit einem Makler in möglichen Mietobjekten sind dabei eine kleine Traumreise in ein Alternativuniversum, wenn sie die eigenen vier Wände im Kopf nach ihrem Geschmack einrichtet, ohne dass «Mutti» ihr dazwischenfunkt. In ihrem kleinen Zimmer sind Ansätze davon zu sehen. Die Textzeile «Can you feel the love tonight?» von Elton ist als Wandtattoo auf der gewischten Raufaserwand verewigt. Die dazugehörige Audio-Hüllkurve ist mit blauer Tinte in ihre Nackenhaut gestochen. Eine der wenigen Spontaneitäten, denen sie sich – in diesem Fall auf einer *Lebensfreude*-Messe – hingegeben hat. Zu oft fehlt der Mut.

Umso leichter lässt sich Bianca von anderen überzeugen und sich Equipment zu Trendthemen aufquatschen. Ihr Regal legt Zeugnis davon ab: Dutzende Lebensratgeber. Kampfschriften von Ernährungswissenschaftlern. Modul-Lern-Sets für die Ausbildung zur Trageberaterin. Video-Anleitungen für das Schwimmen als Meerjungfrau. Und natürlich etliche Schriften, die ihre Sinnsuche in der Esoterik befeuern. Sie sei ein Engel von Atlantis, hat sie ihrer Familie kürzlich anvertraut, und die Schlüsse, die sie aus solchen Erkenntnissen zieht, spürt die Familie dann wochenlang – bis der nächste Trend auf einem Müttertreffen um die Ecke kommt. Immerhin: Die Techniken des Hypno-Birthings benutzt sie immer noch, wenn sie beim Raclette vorübergehend nichts mehr essen kann.

Wenn sich Bianca jedoch einer Sache verschrieben hat, wird jeder weitere Schritt, und wenn er noch so klein ist, zu einem Projekt. An ihrer Pinnwand über dem winzigen Schreibtisch hängt eine Liste mit diversen WhatsApp-Gruppen, die sie zur besseren Übersicht großformatig aufgeschrieben hat, da man beim Scrollen im Handy so schnell den Überblick verliert.

In mehreren Schulklassengruppen – nur mit *Eltern*, mit *Eltern und Lehrern* und mit *Eltern, Lehrern und Schülern* sowie mit *Eltern ohne Kati Möllring*, weil die alle anderen nervt – werden die Dinge des Schulalltags aus verschiedenen Perspektiven beleuchtet.

Großen Einfluss hatte Bianca in der WhatsApp-Gruppe der Nordic Walker. Unvergessen, wie sie damals ihre beste Freundin Carola in die Gruppe eingeschleust hat, damit sie die fehlende Stimme für die nötige Zweidrittelmehrheit erhielt, um erfolgreich über eine zweite Trinkpause abstimmen zu lassen. Ansonsten lehnt sie Gruppengeklüngel ab und ist fest davon überzeugt, dass man WhatsApp und Freundschaft trennen können muss.

Wenn der Tag doch nur mehr als 24 Stunden hätte …!

Die Doppelbelastung Nordic-Walking-WhatsApp-Gruppe und das Amt als Betriebsrätin bei *Menk & Bode* war einfach zu viel. Kurz nach dem Zehntel-Halb-Marathon beim «Young-at-Heart-Run» legte sie ihre Tätigkeit als Gruppenadministratorin ab.

Die wenig übrig gebliebene Zeit für Organisatorisches widmet sie dem «Friends-of-Chris-de-Burgh-Fanclub», in dem sie auf Landesebene weiterhin aktiv ist.

Ähnlich wie ihre Mutter ist auch sie bei diesen Aktivitäten bestens vernetzt.

In ihrer über zwanzigjährigen Handyvergangenheit hat sie mittlerweile alleine fünf *Meikes* angesammelt: «Meike Home», «Meike Handy», dann dreimal nur «Meike». Zwei davon waren, wie Testanrufe ergaben, eine alte Freundin namens «Meike Hinrichs», die doof ist und sich vor ihr im Supermarkt versteckt, sowie eine «Meike Ramelow». Nur mal so.

Für weitere Freizeit bleibt kaum etwas übrig. Die Produkt-Testberichte, die sie auf 13 unterschiedlichen Internetportalen und in der *Wochenblatt*-Rubrik «Unter der Lupe – von Bianca Freese» veröffentlicht, verfasst sie in ihrer Arbeitszeit am Mietwagen-Counter bei *Menk & Bode*.

Der Rest der knapp bemessenen Zeit geht für die Liebe mit ihrem Verlobten Bernhard drauf und natürlich für die Hege des Nachwuchses.

Svenni kam mit Kaiserschnitt zur Welt. Und obwohl man sich bei diesem Kind den mehrstündigen Einsatz einer Saugglocke durchaus vorstellen kann, gab es dafür keinerlei medizinische Notwendigkeit. Der Junge wurde 14 Tage vor dem errechneten Geburtstermin geholt, damit er vom Sternzeichen noch Skorpion sein kann, welches besser zu Fische passt, dem Sternzeichen seiner Mutter.

Diese operativ beigeführte esoterische Innigkeit ist seit 15 Jahren für alle beinahe schmerzlich spürbar. Bianca hat ihren Jungen bis zum Kindergarten gestillt. Und auf dem Rückweg auch noch einmal. Es ist seitdem keine einzige Viertelstunde vergangen, in der sie ihren Jungen nicht im persönlichen Gespräch oder aber auch in einer genau getakteten Salve besorgter WhatsApp-Nachrichten gefragt hat: «Wie geht es dir?» «Was machst du grad?»

An das Holzregal ist mit einer kleinen Heftzwecke ein Foto gepinnt, das die achtjährige Bianca stolz vor ihrem Aquarium zeigt, in dem jedoch keine Fische schwimmen. Dieses Aquarium war für sie das Pony, das sie nie hatte, gestand sie einmal in einer Rotweinlaune.

Unter dem Foto sind über 500 Stunden Videomaterial auf einem ganzen Regalfach mit kunstvoll beschrifteten Videokassetten untergebracht. «Mein kleiner Großer Nov. – Dez. 2003» oder «Svennis erste Schwimmversuche 2007 bis 2015». Viel Spannendes ist auf diesen Kassetten jedoch nicht zu erwarten. Bianca hat nicht das Glück eines Naturfilmers, der seiner Intuition folgt und immer im richtigen Augenblick die Kamera laufen lässt. Bei den entscheidenden Momenten in Svennis Aufwachsen war immer nur die Oma zugegen. Und deshalb hat Bianca auch nicht das erste Wort ihres kleinen Prinzen mitbekommen: «Maggi».

Biancas Spitznamen

1. Tomate

In ihrer Jugend im Spielmannszug entstanden. Bianca trank exzessiv «Cherry Cola», um sich für den Spitznamen «Cherry» zu qualifizieren, allerdings traten damals die Cherry-Tomaten ihren Siegeszug im Gemüsehandel an, und da Bianca zum schnellen Erröten neigte, wurde sie im Spielmannszug dann «Tomate» statt «Cherry» gerufen.

2. Funkmaus

Biancas Funk-Rufname, als sie früher neben ihrem Studium (Sinologie & Afrikanistik) bei *Taxi Freese* in der Zentrale gejobbt hatte.

3. Bibi

Diesen Spitznamen konnte sie mit Hilfe sanfter Penetranz bei ihren Kollegen im Autohaus *Menk & Bode* durchsetzen.

Biancas Männer

1. No Name

Sie war als junge Frau mal mit einem Kfz-Mechaniker zusammen: Hat nicht funktioniert, weil er immer nach Ei gerochen hat!

2. No Name

Der heutige Präsident einer Kreissparkasse, hatte ihr früher (sie war Mitte zwanzig) mal einen Liebesbrief geschrieben.

3. Nigel (Mbeki???)

Hat sie 1999 im Afrikanistik-Studium beim Uni-Fasching kennengelernt. Er war als Zugbegleiter verkleidet. Bianca dachte
aber, er ginge als Sänger der Band «Captain Jack».

4. Lars Winkler

Kollege bei *Menk & Bode*. («*Ach Lars! Hihi! … Nein, das ist ja nur …
nur Lars …*»)

5. Bernhard Dicken

Kosenamen «Mäusepolizist» oder «Berni-Bär». Kennengelernt
im Sommerurlaub 2015 in Cala Ratjada. Fernbeziehung, er lebt
in Frechen. Offiziell verlobt seit dem 23. September 2016.

Biancas Nebentätigkeiten

Wochenblatt

Nach mehreren Praktika in der *Wochenblatt*-Redaktion schreibt
sie als «sehr freie Mitarbeiterin» für das örtliche Anzeigenblatt
die kritische Rubrik «Unter der Lupe … von Bianca Freese».

Trageberatung

Sie hat zusammen mit ihrem Verlobten im Frühjahr 2018 eine
Ausbildung zum Trageberater-Team gemacht, und jetzt bera-
ten sie junge Eltern, mit welchem Tragesystem sie ihren Säug
ling zu tragen haben.

Betriebsrätin

Bianca ist am 22.03.2017 in den Betriebsrat bei *Menk & Bode*
gewählt worden. («Für ein faires Miteinander und 100 Prozent

Transparenz am Arbeitsplatz.») Ihre Mutter hatte ihr «ein wenig geholfen ...»

Werbeauftritte für Menk & Bode

Bianca war 2014 an vier Wochenenden in der *Wochenblatt*-Beilage das Gesicht von *Menk & Bode* für die Reifenwechsel- und Frühjahrsoffensive. 2016 hatte sie sogar einen Auftritt in einem lokalen TV-Werbespot.

Eventplanerin

2010 hatte sie die Event-Planung für die Eröffnung der *Menk & Bode*-Gebrauchtwagenhalle gemacht; u.a. hatte eine Kinder-Turngruppe versucht, den neuen 3er turnerisch darzustellen ... – also vom Hochhaus gegenüber hat man es fast erkannt!

Biancas WhatsApp-Gruppen

Nordic Walking

Sie war Administratorin und hat rigoros Privatgeplänkel im Gruppen-Chat unterbunden, musste aber 2017 wegen ihres Betriebsratsengagements vom Amt zurücktreten – sie wurde der Aufgabe einfach nicht mehr gerecht.

Betriebsrat

Geheimer Kommunikationskanal, um sich auszutauschen, abzustimmen und über die Geschäftsleitung und die Betriebsräte aus der Ost-Filiale zu lästern.

Schule

Auch hier ist sie inzwischen Administratorin, um ihre Erzfeindin Kati Möllring besser im Blick zu haben.

Die «nette» Familie

Bianca ist durch den Wechsel ihrer Handynummer versehentlich im Gruppen-Chat einer anderen Familie gelandet und fühlt sich da sehr wohl. Tjark studiert Sport in Kiel, Finchen ist das Nesthäkchen, und der Vater ist Kinderarzt.

Zweite Identitäten/andere Ichs

BiBi van Bergen

Facebook-Identität als BiBi van Bergen. In dieser virtuellen Traumwelt lebt sie mit ihrem Ehemann und den drei Töchtern Annett, Janine und Deborah auf einem Gutshof am Stadtrand, betreibt eine Yoga-Farm, fährt Liegerad, hat ein Holz-Segelboot in Masuren und ein Pony namens Bigelow!

Bibi bei Menk & Bode

Im Autohaus ist sie ein anderer Mensch, hängt lustige Bilder aus dem Internet in der Teeküche auf und inszeniert sich, in dem sie Dinge im Firmen-Intranet inseriert, z. B. Pferdeanhänger, Wochenendhaus auf Sylt, Hollister Jeans in Größe 34 …

Beach-Bibi

Biancas Urlaubspersönlichkeit. Als Beach-Bibi macht sie Ententanz in Taucherflossen auf der Hotelbühne, lässt sich auf dem Hippie-Markt Rastazöpfe flechten und geht mit Piratentuch in Flip Flops abends in die Strandbar. Whoop Whoop!

Biancas Feinde

1. Sandra Menk

Arbeitet mit ihr zusammen am Mietwagencounter. Hat den Job nur bekommen, weil sie die uneheliche Tochter von Junior-Chef Kai-Uwe Bode ist – kam damals bei einem DNA-Test heraus.

2. Kati Möllring

Mutter von Svennis Klassenkameradin Sandrine. Elternratsvorsitzende, war in der sechsten Klasse gemeinsam mit Bianca als Betreuerin mit auf Klassenreise, wanzt sich an die Lehrer ran, lässt Bianca gerne auflaufen, hat sie z.B. bei Schulfesten vom Waffeleisen verdrängt.

3. Ulrike

Bernhards Exfrau, immer noch enger Kontakt wegen gemeinsamer Rollenspiel-Karriere als Zwerg von Myrdosch. Waren bis zur Verlobung mit Bianca noch verheiratet. Auch mit Ulrike gab es damals eine Mittelalterverlobung. Biancas Meinung nach umgarnt sie Bernhard immer noch.

Schlummernde Talente

1. Schießen

Bianca ist eine begabte Luftgewehr-Schützin! Hat als Siebenjährige auf dem Jahrmarkt für Rosi drei Flaschen Erdbeersekt und vier Plastikrosen geschossen.

2. Dart

Sie hatte früher eine Dart-Begabung und hat Rosi 1992 mit einem «Triple-Out» fertig gemacht!

3. Übersinnliches

Bianca glaubt, sie kann Batterien von der Fernbedienung heil reiben. Vielleicht weil sie – laut einem spirituellen Paartherapeuten – eine Hohepriesterin aus Atlantis ist ...

«Ich werd' gleich ohnmächtig»

– Biancas Ängste und Neurosen

1. Sie duscht Weihnachten vor dem Schmücken den Baum ab wg. Zecken und Pipi von Besoffenen!
2. Raclette-Ängste: Das Raclette-Kabel darf nicht auf dem Tisch an Svennis Platz verlaufen, weil er da reinschneiden könnte. Es dürfen auch keine Silberzwiebeln aufs Raclette, weil feuchte Dämpfe in die Esstisch-Lampe steigen – und dann gibt's einen Kurzschluss.
3. Angst davor, wenn Enten sie angucken – hinterhältige Blicke!

4. Angst vor Kaufhaus-Durchsagen – das sind geheime Zahlen-Codes bei Katastrophen.
5. Angst vor Drehtüren.
6. Angst davor, unter einer offenen Schranke durchzugehen.
7. Wird ohnmächtig, wenn sie ihr Portemonnaie nicht findet.
8. Kann nicht einschlafen, wenn sie andere schlafen hört!
9. Kriegt Panik im Sushi-Restaurant, wenn die Teller auf dem Laufband kommen und sie nicht weiß, ob sie das mag.
10. Angst vor Figuren ihrer Kindheit: «Lurchi» vom Schuhladen, das «Manamana»-Männchen aus der *Sesamstraße* und «Klementine» aus der Waschmittelwerbung.
11. Angst vor Hühnern – hatte sich mal welche gemietet, kann sie aber nicht anfassen.
12. Muss warten, bis Türen/Tore von selber geschlossen oder Geräte heruntergefahren sind. Man weiß ja nie!
13. Angst vor schreienden Fröschen, seit sie mal als Frosch-Lotsin von einem Frosch angeschrien worden ist.
14. Sie hat immer Angst, dass der Mietwagen im Urlaub nicht ausreichend versichert ist.

Biancas «gelebte» Träume

1. Meerjungfrauen-Ausbildung

Gemeinsam mit ihrer Freundin Carola hat Bianca mal einen Meerjungfrauen-Workshop besucht. Dort haben sie in entsprechenden Schwimmanzügen gelernt, sich anmutig wie Meerjungfrauen im Wasser zu bewegen und zu sein.

2. Sie hat Zugang zu Atlantis

Ein weiteres spirituelles Highlight für sie und Carola war das Wochenendseminar «Die Engel von Atlantis». Dort haben sie einen Zugang zu den Engeln bekommen. Später hat ein spiritueller Paartherapeut – Kumpel von Bernhard – auch noch festgestellt, dass Bianca mal eine Hohepriesterin in Atlantis war.

3. eBay-Powersellerin

Bianca fühlt sich ein bisschen wie die Chefredakteurin der *Vogue*, wenn sie Kleinanzeigen aufgibt. Seit sie selber für den *eBay*-Verkauf von Carolas Alcantara-Sofa auf dem Möbel in «Wohlfühlpose» abgelichtet wurde, überlässt sie da nichts mehr dem Zufall: Oma Rosi ist Biancas Unterarm-Model für Elektro, Werkzeug und Garten, und Svenni deckt alles im Schuhbereich ab – wegen seines sanften Spanns ...

Braveheart!
Biancas Thrills im Alltag

1. Streicht Wände, ohne abzukleben

Einmal hat sie dabei auf Rosis Mantel gekleckert, den Fleck einfach rausgeschnitten und ihn als Brandloch getarnt.

2. Lässt Rosis Nylon-Söckchen verschwinden

Sie hasst die Dinger, und wenn die Socken wieder überall zum Trocknen hängen, werden sie von ihr mit dem Staubsauger von der Heizung gesaugt. Dabei lacht sie irre und ist hinterher erschöpft ...

3. Leicht kleptomanische Züge

Sie klaut fremde Ausdrucke aus dem Gemeinschaftsdrucker in der Firma wie z.B. Rezepte oder Geburtstags-Gutscheine.

Biancas Filmfigur-Freundinnen

1. Bridget Jones

In ihrem Freundschaftsbuch dürfte Bridget Jones ganz vorne reinschreiben, sie haben schon so viel zusammen erlebt.

2. Charlotte Lindholm

Bianca findet, sie und die *Tatort*-Kommissarin haben ähnliche Lebensentwürfe. Sie sitzen dann zusammen beim Tee im Schneidersitz auf der Couch, Charlotte ist müde von einem Fall im Oldenburgischen, dann rumpelt es plötzlich im Flur, Bridget Jones kommt um die Ecke gestolpert, und sie trinken zu dritt Weißwein.

Biancas Kleiderschrank ...

... ist die Asservatenkammer von Oma Rosis Demütigungen. Wenn Bianca sich mal was traut, aus welcher Laune heraus auch immer, dann schafft Rosi es immer wieder, ihr diese Dinge madig zu machen.

1. Die Filzmütze

Hat ihre BFF Carola ihr mal selber gefilzt, und Bianca fühlte sich damit wie ein verruchter Stummfilmstar. Laut Rosi wirkte sie aber eher wie «Oma Kluge auf dem Weg ins *Café Kranzler*».

2. Die Samtbluse

In Bordeaux! Oma Rosi meinte, man müsse sich wahrscheinlich erst daran gewöhnen.

3. Das Verlobungskleid

Für Bianca ein Mittelaltertraum in Brokat mit versteckter Erotik – Rosi fand die Erotik sehr gut versteckt und meinte, Bianca sähe darin aus wie die Frau von Shrek.

*Mittelalterlook ist quasi die Erotik
der Unscheinbaren.*

ROSI

4. Tunika in Aquamarin-Orange

Hat es gar nicht erst in ihren Kleiderschrank geschafft, weil Rosi bereits beim Anprobieren durch den Laden brüllte: «Bianca, man sieht deinen Fleischnacken!»

5. Ihr selbstgemachter Erdbeerhut

«Das Ding» ist irgendwann sogar auf mysteriöse Weise spurlos verschwunden.

Carola

– Biancas beste Freundin

Biancas beste Freundin Carola wurde am 19. Januar 1976 geboren und ist damit nur unwesentlich älter als Bianca selbst. Hier ein paar Fakten:

Carola lebt mit ihrem Mann Gero auf einem Resthof etwas außerhalb der Stadt. Zwischenzeitlich war Gero abgehauen, kam aber 2015 zurück, und seither sind beide inniger zusammen als jemals zuvor. Bianca ist offen neidisch auf dieses Powerpaar.

Beim Sanddorn-Seminar im Sommer 2017 mit Bianca kam Carolas Mann nach vier Tagen nachgereist, weil beide die Trennung nicht ertragen konnten.

Die beiden haben vier Kinder. Tochter Nele ist die Älteste und hat 2018 ihr Abitur gemacht. Swantje ist so alt wie Svenni. Jonte, dessen Geschlecht vom Namen und Aussehen her in den ersten paar Jahren von Oma Rosi nicht identifiziert werden konnte, ist ein Junge und drei Jahre jünger als Svenni. 2015 kam dann im Zuge des Liebes-Comebacks noch Tonke dazu. Ebenfalls ein Junge, wie wir heute wissen. Er hat Angst vor Oma.

Und sonst so?

- Carolas Familie hat Kabel-TV, weshalb sich die Freeses samt Heiko regelmäßig zum WM-Gucken einladen (das schnellere TV-Signal!).
- Carola hat einen fetten Hund mit Macke. Muss zur Hundeschule.
- Carolas Mutter war angeblich die Stimme der Zeitansage!

- Carolas Schwester war einmal die «Miss Hawaii» in einer Diskothek in Olpe.
- Carolas Bruder war als Kind sehr hässlich, später aber *Neckermann*-Model für Herrensandalen.
- Carola hat mit 14 ein Mofa zur Konfirmation bekommen, ist danach sofort aus der Kirche ausgetreten, nur um jeweils zur Hochzeit und Taufe ihrer Kinder kurzfristig wieder einzutreten. Nichtsdestotrotz ist sie Svennis Taufpatin.
- Echt fies! Carola lädt immer zum Adventskaffee ein, und dann müssen alle Gäste den Kindern beim Blockflöte-spielen zuhören!
- Carola hatte mal über *eBay* ein Bolero-Jäckchen von Bettina Wulff ersteigert.

Wir sind die Freeses
– Mailboxunterstellung

Sven: Leg doch mal das Handy wech!

Mama: Nee ... warte mal ... ich muss grad noch mal die Mailbox abhören, weil Carola hatte mir gestern wohl noch was draufgesprochen.

Oma: Ja ...

Mama: Ruhe mal eben!

Mailbox: Hallo Süße, wahrscheinlich guckst du auch grad «Kokowäh» oder schläfst schon, ich wollt nur Walking absagen. Ich muss mit Jonte zum Kieferchirurgen. Tschütschü.

Oma: Ja, der hat aber auch 'ne Kauleiste ...

Sven: Sagt wer?

Mama: Ee, warte mal. Spinnt die?

Sven: Wieso, was denn?

Mama: Ich mein, was glaubt sie? Dass ich «Kokowäh» gucke?

Sven: Kam gestern in Fernsehen. Ham doch alle geguckt.

Mama: Hallo? Bin ich jetzt der Typ «Kokowäh»? Jetzt schlägt's aber 13!

Auftritt Heiko Postel.

Heiko: Meine Güte, is doch nix dabei. Moin! Ich hab's aufgenommen, falls du's gucken möchtest.

Mama: Ich habe und ich möchte nicht, und es irritiert mich einfach, dass offenbar Menschen und sogar meine längste Freundin denken, dass ich nix Besseres zu tun hab, als «Kokowäh» zu gucken!

Oma: Hätt' ja sein können.

Mama: Was fällt den Leute eigentlich ein, mich einfach hier und da zu vermuten, wenn sie mir auf die Mailbox quatschen. Neulich auch …

Heiko: Jetzt reg dich doch mal ab.

Mama: Nee! Da mach ich EINMAL 'ne halbe Stunde eher Feierabend, weil ich noch zum Caterer gehetzt bin wegen Svennis Konfirmation –

Oma: Ja, *Schlachterei Lohse*!

Mama: Nee, auch, ja, aber Catering! Und denn quatscht mir Sandra Menk zu Hause auf'n AB: «Wahrscheinlich sitzt du grad in der Sonne, aber ich hab 'ne Frage wegen einer Multivan-Vermietung … bla bla bla.»

Heiko: Ja, war vielleicht dringend.

Oma: Also Heiko, da muss ich jetzt auch sagen: Du bist ja sooo naiv.

Mama: Ne? Danke Mutti! Immer diese Spitzen …

Sven: Also, ist das jetzt so 'ne Frauensache …?

Mama: Überhaupt nicht, aber das ist Carola eben auch. Neulich hat sie mir nach'm Spaziergang draufgesprochen, von wegen: «Wahrscheinlich bist du schon in der Wanne oder duschen …»

Oma: Frechheit!

Sven: Wieso denn?

Mama: Ja, weil ich dann natürlich erst mal unter meinem Arm gerochen habe, und ich fand, es ging noch.

Heiko: Ja, und?

Mama: Ja, ich bin dann aber doch duschen gegangen! Weil, man weiß ja nie. Und das ist ein unglaublicher Eingriff in mein Privatleben auch! Aber warte …!!!
Lacht irre.

Heiko: Was nu …?

Mama: Nee … warte …

Spricht Carola aufs Band.

Mama: Hallo? Carola? Süße! Wahrscheinlich bist du grad am Staubwischen auf deinen Bilderrahmen … oder kochst was für dein' Mann … oder machst dir mal 'ne schöne neue Frisur bei einem richtigen Friseur!!!

Heiko: Ah, alles klar.

Mama: Wollt nur sagen: Ich geh auch nicht zum Walken! Ha!!!

Sven: Sag mal, können wir nicht einmal wie 'ne ganz normale Familie sein?

Oma: Nee, lasst ma' Jungs, dat hört Carola gleich ab, dann hat sie erst mal zu tun!

Präsdo monko

Wer schon mal elbischen (!) Ethnopop der Sängerin Oonagh gehört hat, fragt sich vielleicht, ob das alles einen Sinn ergibt, was die da getextet hat. Oder hat sich das da jemand einfach leicht gemacht? Weil, mal ehrlich, Hauptsache, es klingt gut. Genauso wird ja seit Jahrhunderten bei italienischen Opern verfahren.

Das Phantasie-Englisch, das der kleine Sven Freese auf Kassette gesungen hat, ist auch der letzte Quatsch. Aber am Ende klang der Song, den Bianca daraus gemacht hat, mindestens so ergreifend wie der elbische Kram.

(Songtext)

Ich ging durch die Gassen
in einem fremden Land
Mutter Erde sah mich an
und ich hörte den Gesang
(Svenni, Kassette)
Präsdo monko, onne härrno, onne härr, onne härr,
onne härrnono

Die alten Sagen sagen
Die Zeit war einstmals nah …
Der Welten süßer Klang
in meiner Seele war. Und das ging so.

(Svenni, Kassette)
Präsdo monko, onne härrno, onne härr, onne härr,
onne härrnono

Spuren im Sand des Lebens
Zeugen von der Kraft
Wind auf meiner Haut ...
Spielt ein Lied, es ist mir so vertraut ...

(Svenni, Kassette)
Präsdo monko, onne härrno, onne härr, onne härr, onne härrnono
Präsdo monko, onne härrno, onne härr, onne härr, onne härrnono

Chatverläufe einer Helikopter-Mum

Leg doch mal das Handy weg! Einer der häufigsten Sätze bei Familie Freese. Doch wehe, wenn Sohnemann Sven es dann tatsächlich tut und plötzlich für Helikopter-Mum Bianca nicht mehr digital greifbar ist. Für sie ist das Handy nämlich mehr als ein Kommunikationsgerät: Bianca hat längst entdeckt, wie sie ihren Sohn auch aus der Ferne mit dem Handy überwachen kann. Und Sven weiß inzwischen genau, wie er auf der «emotionalen Tastatur» von Biancas Mutterherz spielen kann.

15.18 Uhr ✔✔
Svenni?

15.19 Uhr ✔✔
Svenni??? Warum antwortest du nicht?

15.20 Uhr

Halloooooooho!!! Warum bist du nicht online? Wo steckst du?

15.22 Uhr

OK, bist du gerade bei Simon oder bei Marilu?

15.23 Uhr

Sag mal, willst du mich verarschen? Ich weiß genau, dass du dir meine Nachrichten in der Vorschau anguckst und so tust, als würdest du gerade nicht auf dein Handy achten. Aber so nicht! Melde dich jetzt sofort!!!

15.24 Uhr per SMS:

Svenni? Was ist los? Wo steckst du?

15.25 Uhr

Ist alles in Ordnung? Steckst du in Schwierig-keiten? Brauchst du Hilfe?

15.25 Uhr

Ha! Ich habe gesehen, dass du gerade online warst!!! Nicht mit mir, Freundchen! Ich werde langsam stinksauer!

15.27 Uhr

Ich mache mir Sorgen! Lieber Svenni, schreibe doch bitte kurz oder bitte rufe mich mal an!

15.27 Uhr ✔✔

Es geht mir nicht gut. Ich habe Angst um dich!

15.28 Uhr ✔✔

Hallo? Wenn Sie meinen Sohn entführt haben und jetzt hier die Nachrichten auf seinem Handy lesen: Ich bin seine Mutter und alleinerziehend. Bitte tun Sie ihm nichts, ich tue alles, was Sie wollen. Meine Mutter hat über 250 000 Euro Hartgeld im Haus. Das können Sie alles haben. Wann und wo soll die Übergabe sein? Ich verständige auch nicht die Polizei, ich will nur meinen Sohn zurück. Bitte!!!

15.29 Uhr ✔✔

Wenn Sie meinem Sohn nur ein Haar krümmen, dann werde ich Sie jagen, und ich werde Sie finden! Meine Mutter hat einflussreiche Freunde, Sie können sich nirgendwo verstecken. Sie sind so was von geliefert!

15.30 Uhr ✔✔

Entschuldigen Sie bitte meine Nachrichten von eben. Es tut mir leid, aber bitte tun Sie meinem Jungen nichts.

✔✔ **15.31**

Hey Mama, ich bin mit Simon City Center! Voll die geile Jacke. Gibst du was dazu?

Bernhard & Bianca

Bernhard

Wer ist der Mann, der den Burgunderschinken in die Familie Freese brachte?

Bernhard Dicken ist im Februar 1977 geboren. Der genaue Tag ist auch uns aus dem Freese-Team noch nicht mitgeteilt worden, da er sein «atlantisches» Wiegenfest im September/ Oktober bevorzugt.

Bernhard hat feine esoterische Antennen, aber wer behauptet, er habe «einen an der Waffel», würde vorschnell urteilen. Das Weltliche ist dem erfolgreichen Unternehmer im Wellness- und Feelgoodbereich nicht fremd. Immerhin hat er Bianca auf einer Ferienanlage in Cala Ratjada kennengelernt und sie auf dem Kreuzfahrtschiff *Costa Magica* gefragt, ob sie seine Verlobte sein wolle.

Zugegeben, Bernhard hat ein paar Altlasten mit in die Beziehung gebracht. Bis kurz vor der Mittelalterverlobung mit Bianca war er noch mit einer Ulrike, ebenfalls aus Frechen, verheiratet. Seine Zusammenarbeit mit ihr, verkleidet auf Mittelalterevents oder in Fantasy-Rollenspielen wie dem Spieleklassiker «Der magische Zwerg von Myrdosch», führt er als ebensolcher fort.

Wenn er esoterisch unterwegs ist, trägt er am liebsten seine schwarze Schnürlederhose und ist barfuß – um Mutter Erde besser spüren zu können. Seine Waden sind stramm und tragen das Antlitz Biancas als Cover-up-Tattoo über dem Namen seiner Ex. Eine schwere Wolke des Parfüms *Bulgari Black* umgibt ihn – derselbe Duft, den Oma Rosi verwendet.

Eine weitere Belastung für die junge Beziehung war sein Mitwirken in dem Erotik-Streifen «X-tra Exzess». Nach mehrmaligem Anschauen hat sich die zunächst enttäuschte Bianca jedoch versichert, dass Bernhard in dem Film zwar einen Hausmeister spielte, aber in dieser Rolle tatsächlich nur als Statist im Hintergrund leichte Arbeiten am Kehrblech vollzog.

Sein Geld hat Bernhard bereits Ende der 90er mit Brettspielen gemacht. Sein *Drachentango* ist ein Spiele-Hit in Asien. Den Gewinnerlös hat er in verschiedene Start-ups investiert. Er ist an einem Biosuppen-Versand beteiligt und hat Ende der 2000er die App *Power Location* an den Start gebracht, mit der herkömmliche Esoteriker Kraftorte in ganz Deutschland aufstöbern können.

Das alles macht was mit Bianca. Die Passionen ihres Verlobten sind ihr manchmal peinlich, und sie verschweigt in der Öffentlichkeit, womit ihr Mann sein Geld verdient. Aber sie liebt ihn so sehr, dass selbst gröbste Entstellungen dem nichts anhaben können. Sie hat mit ihm den Liebesakt zu Ende vollzogen, als er, der Mandelallergiker, nach einer erotischen Öl-Massage Biancas aussah wie Rocky in der zwölften Runde. Ebenso, als beide während des Karnevals übereinander herfielen, noch in den Kostümen. Sie als Dipsy von der Teletubbies und er als Queen Victoria.

Und dann kam es im Jahr 2017 doch zur schweren Krise. Auslöser war nicht Oma Rosi, die schon immer ihre Schwierigkeiten mit Bernhard hatte, nicht zuletzt, weil er Bowling dem echten Kegeln bevorzugt. Nein, Auslöser war die Eifersucht auf die aufkeimende Kumpelbeziehung Bernhards zu Heiko Postel. Als Bernhard mit Heiko einen gemeinsamen Herren-Urlaub in Schottland machte und Bianca mit Carola (und deren Ehemann!) auf einem Sanddorn-Seminar auf Hiddensee alleine zurückließ, musste eine Beziehungstherapie her.

Stufe 1 – Ein tiergestützter Ansatz mit gemeinsamer Pferdebegegnung
Stufe 2 – Ein Wochenende lang einen Luftballon, der Liebe bedeutet, hüten
Stufe 3 – Eine Unachtsamkeitsliste führen
Stufe 4 – Romantic Weekend

Den eigentlichen Durchbruch brachte dann aber die gemeinsame Ausbildung zu geprüften Trageberatern, die jungen Müttern und Vätern den verantwortungsvollen und rückenschonenden Umgang mit diversen Säuglings-Tuchtragetechniken vermitteln sollen. Dieses gemeinsame Projekt zeugt ebenso wie der gemeinsame Amazon-Account von der für jeden spürbaren starken Bindung zwischen Bianca Freese und Bernhard, dem Delfin-Kind, dem inkarnierten Lichtwesen mit den kleinen Händen.

*Das ist ja das Verrückte in der Liebe. Es kommt
nicht auf die Länge an, sondern wie lang.*
BIANCA

Kosenamen

Bianca sagt zu Bernhard:
1. Berni
2. Bernibär
3. Mein Mäusepolizist

Bernhard sagt zu Bianca:
1. Biancaliebelein

Die Mittelalterverlobung

Die Mittelalterverlobung zwischen Bernhard und Bianca fand romantisch im trauten Freese'schen Garten unter der japanischen Zierpflaume und von den zarten Klängen von *Santiano* statt. Zu diesem Zweck wurde extra die keltische Zeremonienrednerin Almut aus dem 500 Kilometer entfernten Hessen eingeladen, um diese besondere Zeremonie durchzuführen und die beiden im Einklang mit den Elementen der Natur zu verbinden. Natürlich sollte bei einer Mittelalterhochzeit neben der Location auch die Bekleidung mittelalterlich sein. Dafür haben sich die Freeses ordentlich ins Zeug gelegt: Bianca trug ein grünes Brokatkleid von der Gewandschneiderin aus Avalon und sah damit aus wie Prinzessin Fiona in *Shrek*, nur leider in der Ogar-Ausgabe.

Svenni wurde gegen seinen Willen in ein Kostüm im D'Artagnan-Look gezwängt. Leider sah er damit statt wie ein legendärer Musketier eher aus wie ein kleiner Knappe, der gerade vom Stallmisten gekommen ist.

Oma Rosi hatte ihre ganz eigene Vorstellung davon, wie die Leute im Mittelalter ausgesehen haben. Nach ihrer Meinung liefen die Frauen aus dem Mittelalter alle rum wie Brigitte Nielsen aus dem Hollywoodfilm *Red Sonja*. Also kam sie in einem knappen Lederbustier mit Schnüren und einem Gladiatorenrock aus Kunstleder zur Verlobungszeremonie.

Da es für Bernhard schon die zweite Mittelalterverlobung war, hatte er genaue Vorstellungen darüber, wie alles zu sein hatte. Sein Hauptaugenmerk galt seinen Haaren, die allerdings trotzdem leider aussahen wie Angela Merkels Eisenherzfrisur aus 2001.

Der Verlobungsantrag im Wortlaut

BERNHARD: Isch wollte disch fragen, ob du meine Verlobte sein willst.

BIANCA *(ungläubig)*: Du willst mich heiraten?

BERNHARD: Ja ... nee ... also, dass wir erst mal verlobt sind.

BIANCA: Du bist so zauberhaft.

BERNHARD: Nein, du bist zauberhaft.

Der Originaltext der keltischen Verlobungszeremonie

Almut, freie Rednerin:

«Das Band, mit dem ich euch nun verbinde, soll euch nicht fesseln! Es soll eurer Liebe Flügel geben und euch zu starken Verbündeten machen, sodass eure Seelen miteinander durch die Zeiten wandeln.»

Bernhard & Bianca:

«Mit dem Segen des Lachses der Weisheit, der in den heiligen Wassern weilt, rufen wir die Mächte des Westens an, unsere Seelen zu verbinden.»

Info: Lachs der Weisheit

Was bei uns als «die Schweine des Meeres» bezeichnet wird, war im alten Keltentum heilig. Der Lachs der Weisheit ist eine Sagengestalt aus der Welt der irischen Mythologie. Der Fisch hat sogar einen eigenen Namen. Fintan hieß er und lebte der Sage nach in dem Fluss Boyne. Zunächst war er ein ganz normaler Lachs, bis er eines Tages neun magische Haselnüsse verschluckte, die das gesamte Wissen der Welt enthielten, welches somit auf ihn überging. Blöd nur, dass das schnell die Runde machte: Es hieß, wer den schlauen Fisch isst, bekommt sein gesamtes Wissen und darüber hinaus sogar die Fähigkeit der Weissagung. Gefangen und gegessen wurde er am Ende von einem irischen Volkshelden, der fortan nicht nur das Wissen und die Weisheit der Welt besaß, sondern auch in die Zukunft sehen konnte.

BIANCA – Der FANCHECK

Welchen Songtext von Elton John hat
Bianca als Wandtattoo verewigt?

In welcher Firma arbeitet Bianca?

Auf wie vielen Internetportalen schreibt
Bianca Produkt-Testberichte?

Wie heißt Bernhard mit Nachnamen?

Welchen Disney-Kosenamen benutzt
Bianca häufig bei Bernhard?

Welche Ausbildung hat Bianca im
Frühjahr 2018 gemacht?

Was darf nicht aufs Raclette,
weil sonst ein Kurzschluss befürchtet wird?

Warum hat Bianca Angst vor Fröschen?

Wie heißt Biancas Erzfeindin aus Svennis Schule?

Bianca ist eBay-Powersellerin.
Welches Möbelstück hat sie für ihre beste
Freundin Carola verkauft?

(Auflösung auf Seite 269)

KAPITEL 7

IM JOB

Menk & Bode

Service Rental

Menk & Bode
– *Ihr Autohaus mit Herz & Knowhow*

Klassische Autohäuser reihen sich in der norddeutschen Automeile aneinander. Wie ein Palast erhebt sich mittendrin die in den frühen 2000ern erbaute doppelstöckige Stahl-Glas-Konstruktion von *Menk & Bode*, umrahmt von glänzenden Neuwagen und Fahnenmasten, an denen die Markenbotschaften des Mutterkonzerns stolz im Wind flattern. Im Eingangsbereich begrüßt uns ein Pappaufsteller des autohauseigenen Maskottchens «Flitzer» und lädt mit Schmunzelmiene zu der Teilnahme an einem Gewinnspiel ein, bei dem sich der glückliche Sieger über einen Satz Winterreifen, eine Sicherheitsausrüstung und eine Reise-Angelrute freuen kann.

Zu besonderen Anlässen wie Sonderschauen oder Modell-Präsentationen dürfen die Auszubildenden in das Kostüm des *Menk & Bode*-Bären schlüpfen und erheitern Jung und Alt mit Süßigkeiten und gemeinsamen Selfies. Überhaupt wird bei *Menk & Bode* gerne gefeiert, ob nun das Oktoberfest mit Herbst-Offensive und vielen Angeboten in Sachen Schlechtwetter-Ausrüstung oder das Frühlingsfest mit Frühjahrs-Offensive und vielen Angeboten in Sachen Schönwetter-Ausrüstung. Im Sommer gibt's das Wacken-Festival bei *Menk & Bode* mit original Van-Halen-Coverband, die Mitarbeiter tragen zerrissene Jeans und T-Shirts, und es gibt kalte Ravioli aus der Dose gratis!

Besonders beliebt ist natürlich der *M&B*-Weihnachtsmarkt mit Tombola für die Kinder und vielen Angeboten in Sachen Winterausrüstung – um nur mal einen kleinen Teil der Events im Autohaus zu beleuchten.

Quer durch die Halle hinten links befindet sich der Mietwagen-Counter, hinter dem Bianca Freese geschäftig auf ihrem
Computer tippt. Der Schreibtisch leicht schräg neben ihr ist
vormittags meist verwaist. Ein Namensschild verrät, dass dort
normalerweise die Kollegin Sandra Menk arbeitet, sie hat aber
morgens oftmals Arzt-, Friseur-, Kosmetik- oder andere unauf-
schiebbare Termine wahrzunehmen. Die Übereinstimmung
des Nachnamens Menk mit dem Firmennamen ist übrigens
kein Zufall, wie ein DNS-Abgleich mit einer Probe des Junior-
Chefs Kai Uwe-Bode ergab. Damals musste dringend geklärt
werden, ob Sandras Mutter, die Tochter des früheren Firmen-
gründers Heinz Menk, und Bode junior die geschäftliche Part-

nerschaft als «Next Generation» auf einem Sommerfest stärker
vertieft hatten, als es den Firmengründern lieb war. So sitzt
also, nachdem Walter Bode seinen ehemaligen Partner Heinzi
Menk (zweimaliger Ehemann von Rosemarie Freese!) irgendwann aus dem gemeinsamen Firmenimperium auszahlte
(die zweite Scheidung von Rosi hat diesem finanziell das Ge-
nick gebrochen!), dann doch wieder eine Menk mit in dem Tra-
ditions-Autohaus und ist Auge und Ohr für den Außenstehen-
den Heinz Menk.

Bianca hat sich inzwischen mit der Situation arrangiert,
lässt aber keine Gelegenheit unversucht, ihrer aufstrebenden
Kollegin und «Feindbild No. 1» Sandra Menk – mit Verlaub – ans
Bein zu pissen. Allerdings beruht diese Praxis auf Gegenseitig-
keit, was offenbar auch daher rührt, dass der Mietwagen-Ser-
vice bei *Menk & Bode* jetzt nicht so sonderlich im Zentrum des
Geschehens steht und mit zwei Mitarbeitern auch etwas über-
besetzt wirkt, sodass die Damen eben auch gucken müssen, wie
sie ihre Zeit rumkriegen.

Sandra Menk ist natürlich unkündbar und Bianca, durch

Rosis gemeinsame Vergangenheit mit Heinz Menk und Rosis kleine Techtelmechtel mit Bode Senior, ebenfalls. Zusätzlich sitzt Bianca ja auch noch im Betriebsrat, was ihr gewisse Einblicke in Personalakten und Firmenpraktiken des Haupthauses und der zahlreichen Niederlassungen verschafft.

Für Bianca ist der Arbeitsplatz in dem Autohaus eine Möglichkeit, auch mal eine ganz andere Seite von sich auszuleben. So lässt sie sich zum Beispiel im Autohaus von allen gerne «Bibi» rufen, poliert regelmäßig ihr Image auf, indem sie am internen Schwarzen Brett Dinge wie Pferdeanhänger zum Kauf oder ihr angebliches Wochenendhaus auf Sylt zur Vermietung anbietet. Auch Jeans in Größe 36 oder Sportartikel inseriert sie gerne, um sich ins rechte Licht zu rücken.

«3 ... 2 ...1 ... meins!» hört man es plötzlich durch die Halle rufen, und Biancas Augen leuchten, als sie zum Drucker flitzt, um schnell den Ausdruck ihres eBay-Schnäppchens in Empfang zu nehmen – eine nebenbei ersteigerte original *Moulinette* aus den 70ern! Am Drucker durchstöbert sie erst noch einmal heimlich die anderen Ausdrucke und bleibt an einem Rezept für Tandoori-Huhn hängen, welches sie sich gleich unter den Nagel reißt. Offenbar hat auch jemand einen Geburtstagsgutschein für einen Kollegen ausgedruckt, den sie nicht kennt, aber sie unterschreibt vorsichtshalber einfach mal. Eine gute Möglichkeit für Bianca, mal ein Stück Kuchen abzustauben.

Bianca fühlt sich zum Beispiel auch dafür zuständig, in der Teeküche Bilder mit lustigen Sprüchen aufzuhängen und regelmäßig zu aktualisieren. So ein großes Team wie bei *Menk & Bode* braucht eben einen humorvollen Geist, der für gute Laune sorgt – und als diesen sieht sie sich. Mit den meisten ihrer Kollegen versteht sie sich gut, ob nun mit den alten Hasen wie Schrauben-Hansi, Walter oder Frau Strecker aus der Revision oder ihrem aus ihrer Sicht ewigen Büro-Flirt Lars Winkler. Bianca hat ein ganz gutes Standing im Team, vor allem seit sie Betriebsrätin geworden ist. Bei den BR-Sitzungen gerät sie allerdings immer häufiger mit der Kollegin Frauke Tölert aneinander.

Bianca hat überhaupt schon so einiges bei *Menk & Bode* ausprobiert, war zum Beispiel vier Wochen lang jeden Samstag das Gesicht der M&B-Reifenwechseloffensive im *Wochenblatt*, hat 2010 die Event-Planung für die Eröffnung der M&B-Gebrauchtwagenhalle gemacht und hatte 2016 einen Auftritt im Werbespot von *Menk & Bode*. Ihren bisher größten beruflichen Coup hat sie mit dem M&B-Häppchenplaner gemacht. Ein innerbetrieblicher Kalender, in dem Geburtstage und Jubiläen aller Mitarbeiter vermerkt sind, ergänzt durch die zu erwartenden Naschereien für die Kollegen.

Also, langweilig wird es ihr bei *Menk & Bode* eigentlich nie, denn ein Arbeitsplatz ist schließlich immer so schön, wie man ihn sich macht. Und wenn da mal einer ein Auto mieten möchte – dann lass ihn doch!

Wir sind die Freeses
– *Häppchenplaner*

Mama: Leg doch mal das Handy wech!

Oma: Ja nee, soll ich jetzt für alle Mittagstisch bestellen beim
Schlachter?

Sven: Ja, okay, in dem Fall mach ich nach der vierten Schluss.

Oma: Nee, das vergiss mal. Wir ham ja 'ne Mikrowelle.

Sven: Okay …

Mama: Für mich musst du auch nichts einplanen, Mutti, heut
gibt es das Geburtstagsbrunch von Edith Schaller. Wahrscheinlich wieder Ofen-Leberkäse, denn brauch ich nix
vom Schlachter.

Oma: Hatte die nicht letzte Woche Geburtstag?

Mama: Ja, nee, da war sie in Urlaub und heute ist ihr erster
Tag, warte …

Stöbert im Handy.

Mama: Ja!

Sven: Wo guckst du denn da rein?

Mama: Das ist der *Menk & Bode*-Jahres-Häppchenplaner 2018,
den hab ich vor Jahren zusammen mit Frau Strecker angefangen anzulegen, und jedes Jahr machen wir den neu.

Oma: Du machst mich neugierig.

Mama: Ja, das ist wie der Schnäppchenplaner von *Aldi*, von
wegen «dann und dann gibt's Laptops», und wir haben
anhand von Fotos nachvollzogen, was an welchen Geburtstagen oder Jubiläen an Häppchen zu erwarten ist.

Oma: Nee, das ist ja praktisch!

Mama: Nä? Und Edith hat eigentlich immer Leberkäse, einmal hatte sie Torte. Nachmittags!!!

Oma: Ja, schön.

Mama: Nee, das kam gar nicht gut an! Ham wir gleich zurückgemeldet, die ganzen Halbtagskräfte geben ja auch zwei Euro in die Karte.

Oma: Ja, und Appetit hast du ja trotzdem.

Sven: Hört ihr euch eigentlich selber zu?

Mama: Nee, guck ma hier ...

Stöbert im Handy.

Mama: In KW 5 haben wir Mittwochnachmittag Zehnjähriges von Lars Winkler, da gibt es wahrscheinlich Brezeln und Sekt.

Oma: Macht er auch am Geburtstag immer.

Mama: Ja, aber so weiß ich das rechtzeitig und komm dann mittags erst zur Arbeit.

Oma: Ja, was soll man da vormittags rumhängen mit halbleerem Magen.

Mama: Ja, äh, am Donnerstag dann Moni Ziegler. Die macht wieder so 'ne vegetarische Quiche.

Sven: Igitt!!!

Mama: Findst du auch? Muss ich mir was mitnehmen zur Arbeit.

Oma: Bianca, ich bin stolz auf dich. Das ist ein ganz tolles Buch. Weil wenn man jetzt auch im Januar *Weight Watchers* macht oder wat und am Punktezählen ist ...

Mama: Das ist das!

Oma: ... denn steht da plötzlich 'n Teller Mini-Windbeutel auf'm Kopierer, weil der Praktikant letzten Tag hat.

Mama: Praktikanten sind bei uns ja bis Jahresende vermerkt.

Oma: Sind ja kleine Naschereien, nichts wofür man Mittag ausfallen lässt, aber so weiß man das.

Sven: Oma!

Mama: Und so 'n *Bounty* auf der Fahrt zur Arbeit, das schenkt man sich dann, da spart man richtig.

Sven: Können wir nicht einmal wie 'ne normale Familie sein?

Auftritt Heiko Postel.

Heiko: Nee, einmal Ruhe bitte! Moin, Leute!

Mama: Moin!

Oma: Moin!

Sven: Hallo.

Heiko: Weil, ich hörte gerade was ihr … äh …

Oma: Wat willst du, Heiko?

Heiko: Wann hat diese Meike Strehler aus'm Leasing denn mal wieder Geburtstag? Weil, die macht doch immer diese kleinen Blätterteig-Geschichten, wo immer zu viel von da ist und du nimmst das denn mit nach Hause …

Mama: Oh die Speckdinger! Warte …

Stöbert im Handy.

Mama: Meike Strehler erwarte ich am 13. Februar.

Sven: Jetzt bin ich bei euch!!!

Das Geruchs-Rennen

Immer wieder kommt es im Büroalltag zu Auseinandersetzungen über üble Gerüche, die mitgebrachte oder im Büro zubereitete Speisen verströmen. Die Kohlsuppen-Diät der Kollegin wirkt dann oft unangenehmer als das eigene Eibrötchen mit Zwiebeln. Aber ist das so bzw. könnte man im Geruchs-Schatten einer Kohlsuppe beinahe unbemerkt ein Eibrötchen essen?

Geruchs-Diffusion ist hierbei das Zauberwort. Eine Mikrowellen-Currywurst verbreitet sich geruchstechnisch schneller im Büro als ein *Pritt*-Stift, dem man die Kappe abmacht – weil die Erkennungsschwelle niedriger ist!

In einem aufwendigen Versuchsaufbau haben sich Mitarbeiter des Freese-Teams im Bürotrakt in einer Reihe aufgestellt. In exakt 20 Meter Entfernung standen Probanden mit verbundenen Augen, die schildern sollten, welche Gerüche sie in welcher Reihenfolge und in welchen Zeitabständen wahrnehmen.

Stärkster Geruch (Abstand 20 m)	Zeitlicher Zugewinn in sec.
Aufgewämte Kohlsuppe 18,33 sec.	
Weight Watchers Hühnerfrikassee	+6,13 sec.
Gummivampire	+11,59 sec.
Eingeschweißte und begaste Discounter-Fertigfrikadellen +5,11 sec.	
Bifi	+7,32 sec.
Eibrötchen mit dänischer Remoulade und gehackten Zwiebeln +1,49 sec.	

Lohnfortzahlung bei Schockhässlichkeit

Sabrina (28) aus Pinneberg fragt: «*Ich habe einen Pickel an der Lippe. Das sieht richtig scheiße aus. Wenn ich deshalb nicht zur Arbeit will, muss ich dann einen Urlaubstag nehmen?*»

Liebe Sabrina,
da können wir dich zum Glück beruhigen. Wer will so schon zur Arbeit gehen??? Beim Fernbleiben vom Arbeitsplatz nach Schockhässlichkeit fällst du unter den Schutz des Entgeltfortzahlungsgesetzes.

§ 1 EntgFG

(1) Dieses Gesetz regelt die Zahlung des Arbeitsentgelts an gesetzlichen Feiertagen und die Fortzahlung des Arbeitsentgelts im Krankheitsfall an Arbeitnehmer sowie die wirtschaftliche Sicherung im Bereich der Heimarbeit für gesetzliche Feiertage und im Krankheitsfall sowie Schockhässlichkeit.
(2) Arbeitnehmer in Sinne dieses Gesetzes sind Arbeiter und Angestellte sowie die zu ihrer Berufsbildung Beschäftigten.

Unter Schockhässlichkeit fallen im Sinne des Gesetzgebers: Pickel, Gerstenkorn, blaues Auge, Frisurunfälle (Schnitt und Tönung), Knutschflecke, Schlauchlippen nach Botox-Experimenten.

Schnelle Besserung wünscht:
das Freese-Team

Nichtraucherpause

Kathrin (52) aus Melle fragt: «*Ich finde das total ungerecht, wenn die ganzen Raucher bei uns im Betrieb sieben Mal am Tag vor die Tür zum Paffen gehen. Welche Möglichkeiten haben Nichtraucher wie ich, dagegen vorzugehen?*»

Liebe Kathrin,
die von dir geschilderten sieben Mal am Tag gehen ja nur aus offiziellen Statistiken hervor. Die Dunkelziffer liegt weitaus höher. Aber, und das ist die gute Nachricht, du musst gar nicht dagegen vorgehen, denn auch als Nichtraucher hast du laut Arbeitszeitgesetz einen Anspruch auf eine sogenannte Nichtraucherpause.

§ R6 ArbZG
Achtmal am Tag bis zu jeweils zehn Minuten dürfen nichtrauchende Arbeitnehmer über die normale *Facebook*-Pflege hinaus Videos schauen und ihren *eBay*-Account bespielen. Nicht mehr rauchende Arbeitnehmer können bis zu einem freien Tag pro Woche gleiten, wenn sie alternativ acht Zigarettenpausen täglich auf dem Zeitkonto ansparen.

Der Vorstoß eines Mitarbeiters des Finanzamts Paderborn, ebenfalls freitags zu gleiten und von zu Hause aus zu rauchen, wurde vom Bundesverwaltungsgericht abgelehnt. Revision wurde beantragt.

Grüße aus der Nichtraucherpause:
Team Freese

Sitzen Stehen Liegen

Meike aus Hannover fragt: «*Ihr hattet mal eine Folge, in der es darum geht, dass das Arbeiten im Stehen produktiver sein soll. Schreiben Sie auch im Stehen?*»

Liebe Meike,
während ich dies hier schreibe, liege ich ungeduscht im Bett und gucke nebenbei fern. So viel dazu. Für folgende Tätigkeit gibt das Freese-Team Positions-Empfehlungen:

	Stehen	Sitzen	Liegen
Schwarzbrotschneiden	👍		
Kartoffelschälen	👍	👍	
Krabbenpulen		👍	
Playstation spielen		👍	👍
Uhren reparieren		👍	
Herz-Operation	👍		
Zähneputzen	👍	👍	👍
Hose ausziehen	👍	👍	👍
Kohlroulade essen		👍	
Pizza essen	👍	👍	👍
Cognac trinken		👍	
Underberg trinken	👍		👍

	Stehen	Sitzen	Liegen
Dosenbier trinken	👍	👍	👍
Kochen	👍		
Lesen	👍	👍	*

* Auch wenn es viele Menschen im Liegen tun. Wir raten davon ab. Oma Rosi neigt beim Liegendlesen am Strand und gleichzeitigem Dosenbiergenuss zu narkoleptischen Anfällen. Dabei ist ihr schon mehrfach das E-Book aus 30 cm Entfernung ins Gesicht gefallen.

Auf die Haltung kommt es an,
findet mit freundlichen Grüßen:
Team Freese

Im JOB – Der FANCHECK

Wie heißt das Maskottchen von Menk & Bode?

Wie heißt Biancas «Büroflirt»?

*Mikrowellen-Currywurst oder Pritt-Stift? Welcher
Geruch verbreitet sich schneller im Büro?*

*Bei welcher Aktion wurde mit Biancas Gesicht vier
Wochen lang im Wochenblatt geworben?*

In welcher Abteilung arbeitet Frau Strecker?

In welcher Körperhaltung sollte man Krabben pulen?

*Welche der folgenden Erscheinungen fallen im
Sinne des Entgeltfortzahlungsgesetzes nicht unter
Schockhässlichkeit? Pickel, Gerstenkorn, Ohrhaare,
blaues Auge, Frisurunfälle*

*Was serviert Biancas Kollegin Edith Schaller bei ihrem
Geburtstagsbrunch laut Häppchenplaner immer?*

Wer ist Biancas Feindbild bei Menk & Bode?

*Wie heißt der Kollege richtig? Schrauben-Hansi,
Schrauben-Klausi oder Schrauben-Willi?*

(Auflösung auf Seite 269)

KAPITEL 8

FAMILIENFEIERN

Wir sind die Freeses
Der Weihnachtsbrunch

Es ist der erste Weihnachtsfeiertag, und das Team ist bei den Freeses zum Weihnachtsbrunch eingeladen – man hat ja sonst nix vor. Die Straße liegt in einem matschigen Grau. Rollsplit bedeckt überall reichlich die Bürgersteige. Nur die Auffahrt und der Weg zum Haus der Freeses ist durch die Gabe von großzügig ausgebrachtem Tausalz sauber freigeschmolzen.

Das Taxi steht auffällig quer in der Auffahrt. Womöglich gab es in der *Eule* eine zweite Bescherung? Wir wissen es nicht.

Vor der Haustür stehen diverse gelbe Säcke mit Geschenkpapierresten und hastig zerfetzen Blister-Verpackungen. Daneben ein Kartonhaufen der gängigen Online-Versandhäuser, in denen leer getrunkene und vollgeaschte Sektflaschen stehen. Bevor wir klingeln können, wird die Tür aufgerissen.

Bianca: Schnell rein! Der Hund läuft sonst raus!

Der Hund huscht zwischen Bianca Freeses Beinen durch.

Bianca: Ja, denn mach schnell, aber nicht gegen die Säcke.

Er macht gegen die Säcke. Von innen schaltet sich die Patronin ein.

Rosi: Die sind eh schrott! Die Scheißdinger! Reißen sofort, wenn man da wat mit scharfen Kanten reinschmeißt.

Bianca: Jaha …

Rosi: Guck dir mal die Sauerei auf'er Terrasse an. Die Amseln fressen wieder wie die Schweine!!!

Bianca: Frohe Weihnachten, Herr Altenbuich!

Altenburg: Frohe Weihnachten.

> *Hastig tauschen wir zwei Umschläge und zwei Rotweinflaschen aus.*

Altenburg: Für die Familie.

Bianca: Fürs Team, ne? Dacht ich so.

Wir gehen ins Haus, und unsere Ohren werden umschmeichelt von weihnachtlichen Panflöten-Träumen. Sven Freese sitzt im Schlafanzug vor dem Fernseher. Seine linke Hand wärmt sich im Hosenbund, während er mit der rechten Hand an der Spielkonsole Außerirdische zurück ins Jenseits befördert.

Seine Großmutter liegt ausgestreckt auf dem Sofa, aufgebahrt wie Lenin im Mausoleum. Ihre Augen sind abgedunkelt durch einen heiß dampfenden Waschlappen. Auf dem Bauch steht eine eisgekühlte Dose Spezi, die sie fest umklammert. Wie immer schrecken wir kurz zurück, wenn wir ihr ohne Perücke begegnen.

Bernhard Dicken kommt aus dem Bad und trägt das passende Gegenstück zu Biancas Weihnachtspullover. Arm in Arm ergeben beide das Gesicht des Weihnachtsmanns.

Bernhard: Juten Morjen! Fröhlichet Fest! Jetzt erst mal schön brunchen. Wat brunchen wir eijentlich, Bianca?

Bianca: Ja, wir haben eine wunderbare Käseauswahl.

Bernhard: Habter auch Vacherin?

Bianca: Nee, Waschärah hatten se nicht. Manchego hatten se.

Rosi: Sag mal, seid ihr bekloppt? Das ist doch was ganz anderes. Ingeborg sagte: Waschäräh!

Sven: Die kommt doch sowieso nicht! Ich schmeiß sowieso noch mal die Raclettepfännchen an.

Altenburg: Ah, das ist ja alte Tradition, oder?

*Oma Rosi zieht sich den Waschlappen vom Gesicht und reckt
ihren Oberkörper in die Höhe wie Nosferatu mit plötzlichem
Bluthunger.*

Rosi: Ja. Aber nur Heiligabend. Das' mein Haus! Am Ersten ist
Brunch! Hol Omi mal 'ne Frikadelle, Svenni. Omi braucht
Salziges!

Bianca: Also noch einmal. An Heiligabend essen wir vormittags 'ne schöne Leberknödelsuppe.

Rosi: Das hab ich schon mit meinem Dieter gegessen.

Heiko: Ihr hattet doch nur ein Weihnachten zusammen. Moin!
Frohsfest!

*An Weihnachten kommt Heiko Postel auch einmal leger mit
Lederhausschuhen und einer grünen weihnachtlichen Camp-
David-Weihnachts-Steppweste unaufgefordert ins Wohnzimmer
geschlurft. Er trägt an beiden Handgelenken Smart-Watches der
neuesten Generation.*

Heiko: Einmal von Yvette. Und einmal hab ich mir selbst was
dazugegönnt. Am Ende aber kann meine mehr als die von
Yvette.

Rosi: Die Geste zählt, und brüll hier nicht so rum.

Sven: Oma hat Kopf!

Rosi: Halt'n Sabbel! Herr Altenbuich, also Leberknödelsuppe
seit jeher. Dann abends Raclette. Das war ja damals was.
Wir waren ja mit die Ersten mit Raclette. Die so was hatten.

Altenburg: Ja.

Rosi: Die Hollywoodschaukel auch. Keiner hatte eine.

Bianca: Mutti, bitte!

Bernhard: Ja und isch habe ja Burgunderschinken in die
Familie einjeführt.

Rosemarie verdreht demonstrativ die Augen.

Rosi: Dein Burgunderschinken, der läuft hier Heiligabend nur inoffiziell mit, außerhalb der Konkurrenz! Damit das klar ist.

Sie hustet. Es war eine sehr heilige und sehr lange Nacht.

Rosi: Bei seinen Eltern in Frechen wird Heiligabend Karpfen gefressen. Glaubst dat? Herr Altenbuich.

Altenburg: Ja. Nee.

Rosi: Das sind Brackfresser!!!

Sven: Ja, wo sind die beiden überhaupt?

Bernhard: Die sind spazieren!

Rosi: Nein, die Karpfen selber. Sind Brackfresser.

Bianca: Ja Mutti, es ist klar. Wir haben es verstanden. Du findest es ekelhaft. Das hast du den beiden ja gestern Abend auch sehr deutlich gesagt.

Bernhard: Mutti hat jeweint.

Sven: Du hast doch geweint, Bernhard, weil meine Oma nachts noch den Burgunderschinken aufgefressen hat.

Rosi: Dat war ja eh nur 'n Rest. Wie gesagt: Omi braucht Salziges.

Bianca: Du bist unmöglich, Mutti! Und das an Weihnachten!!!

Bernhard zittert am ganzen Körper und muss sich zusammenreißen. Heiko Postel umarmt seinen Kumpel von hinten und drückt ihn ganz fest. Er flüstert ihm beschwörend ins Ohr.

Heiko: Berni, bester Mann. Du bist 'n starker Typ. 'n starker Mann.

Er quetscht ihn ganz fest. Als der Moment für alle Anwesenden etwas zu lange erscheinen mag, klopft Heiko Bernhard mit der flachen Hand heftig auf den Po und zieht mit der anderen an seinem Bärtchen!

Heiko: Schon besser, ne? Wa?

Bianca öffnet eine Sektflasche.

Rosi: Ständig bringen hier die Lebensgefährten meiner Tochter sämtliche Traditionen durcheinander! Nicht wahr???

Mit kalten Augen starrt sie ihrer Tochter ins Gesicht. Aus dem Augenwinkel beobachtet sie gleichzeitig, ob ihr Enkel mithört. Sven ist jedoch vertieft im Ausradieren der Computerspiel-Bestien.

Altenburg: Was war denn da?

Bernhard: Ja, Bianca, was war denn da?

Bianca: Gar nix!

Rosi: Ja! «Gar nix» spielt gerade *Playstation*.

Bernhard: Ach so.

Rosi: Nigel hieß er! Und dieser Mann hatte die Dreistigkeit, hier Heiligabend ein Blech Toast Hawaii in den Ofen zu schieben. Angeblich, damit ich nicht so viel Stress hab und die Füße hochlegen kann! Den ganzen Gaumen hab ich mir verbrannt!

Bianca: Mutti! An dem Abend hast du aber ganz schön zuge-langt!

Rosi: Papperlapapp!

Hektisch knibbelt sie an dem Draht der Sektflasche herum und zittert am ganzen Körper.

Bianca: DU MOCHTEST NIGEL! UND ERST ALS ER WEG WAR, HAST DU IHN VERTEUFELT!!!

Rosi: JA! UM DICH ZU SCHÜTZEN!!! WEIL DU ES DAMALS WIEDER VERBOCKT HAST!!! WEIL DU NICHT WUSS-TEST, WAS DU WILLST!

Es scheint fast, als würden ihre Augen platzen. Unter einem schweren Hustenanfall zieht sie sich wieder den Waschlappen über das Gesicht. Bianca schenkt sich stumm ein Glas Sekt ein und stürzt es herunter. Heiko Postel ergreift die Initiative.

Heiko: Ob das heute noch schneien soll?

Keine Reaktion.

Heiko: Na? Wer wird Meister?

Keine Reaktion.

Oma: Wer will Eierlikör?

Bianca: Ich würd' einen nehmen!

Heiko: Bin dabei!

Sven: Darf ich einen Kinder-Schluck?

Oma: Du darfst Omis Glas ausschlecken.

Sven: Nee, ich will das nicht mehr.

Bernhard: Also, isch könnt auch ein'n vertrajen.

Oma: Herr Altenbuich?

Altenburg: Also, ich brauch ganz dringend einen!

Heiko: Mein Gott, Weihnachten geht das eben auch mal zur
     Sache. Denn trinkt man einen, und denn lachen alle wieder.
     Das ist ja der Sinn von Weihnachten!

Mama: Wie bitte?

Heiko: Ich mein, wann hat Maria zu Josef das gesagt, dass er
     gar nicht der richtige, also Kindsvater, also ...

Bianca: Heiko, bitte ...!

Heiko: Sie wird ihm das wahrscheinlich an Weihnachten
     gleich gesagt haben. Weil die Hirten ham dat ja auch schon
     angesprochen gehabt.

Rosi: Wo?

Heiko: In der Krippe, Mann! Und das ist eben so. Weihnachten
     ist eben auch der Moment, da kommt alles auf'n Tisch.

Altenburg: In diesem Sinne.

Jetzt laufen auch mir die Tränen. Ich will nach Hause!

Rosi Freese:
Ich hab die Lämpchen an

Liedtext:

Der Kunstschnee rieselt leise,
Wer saugt dat weg, die ganze Scheiße? Ist mir so egal (egal egal)
Bescherung ist um sechs,
auf meiner Bluse ist 'n Klecks, das ist mir so egal (egal egal)

Denn ich bleib ganz gemütlich auffer Couch und entspann
Ich – hab die Lämpchen an (Merry X-mas, merry merry)

Wo bleibt der Weihnachtsmann denn jetzt?
Mein scheiß Handy hat kein Netz! Ist mir so egal (egal egal)
Du hast die Brennpaste vergessen!
Was sollen wir jetzt nur fressen? Ist mir so egal (egal egal)

Denn ich bleib ganz gemütlich auffer Couch und entspann
Ich – hab die Lämpchen an (Merry X-mas, merry merry)

Alle streiten, alle haun,
und die Torte will nich tau'n, dat ist mir so egal (egal egal)
Die Kroketten sind verbrannt,
wer hat den Baum denn umgerannt, dat ist mir so egal (egal egal)

Denn ich bleib ganz gemütlich auffer Couch und entspann
Ich – hab die Lämpchen an (Merry X-mas, merry merry)

(bridge)

Tante Marlies kommt nu doch!
In den Nylons is'n Loch!
Euer Hund macht auf'n Flur!
Wo ist der Tesafilm denn nur?
Die Kinder freu'n sich voll!
Doch mein Konto ist im Soll!
Die Baumspitze ist schrott!
Oh Gott oh Gott oh Gott!!!

Doch ich bleib ganz gemütlich auffer Couch und entspann
Ich – hab die Lämpchen an (Merry X-mas, merry merry)
Ich hab die Lampen an (Merry X-mas, merry merry)
Macht euch dat schön (Merry X-mas, merry merry)

Die Lombardis sind getrennt ...
Ich hab trotzdem gut gepennt ...

Adventssingen

Jörg aus Scheeßel fragt: «*Die Tochter meiner Schwester hat in ihrer Grundschule Adventssingen. Muss ich da hin?*»

Lieber Jörg,
diese heikle Frage ist im §lmaA Bundesarschkartengesetz
geregelt.

§ LmaA BAG
«... Verwandtschaft bis einschließlich zweiten Grades
kann an Champions-League-freien Abenden zur Teilnahme an Advents-Aufführungen verpflichtet werden ...»

Also Jörg, du bist fein raus. Alle anderen, die unter diesen
Paragraphen fallen, sollten sich jedoch vor Beginn der Aufführung folgende Dinge SCHRIFTLICH geben lassen:
(1) Es gibt in der Aula wirklich Waffeln. Und zwar von Profis, die vom Umgang mit dem Eisen etwas verstehen.
(2) Es geht wirklich nur ums AdventsSINGEN.
(3) Adventssingen heißt in dem Fall zu 100 Prozent, dass
nicht doch noch irgendein Fräulein Thies mit ihrer Blockflötengruppe alle Strophen von «Kling Glöckchen klingeling»
fiept.
(4) Und es gibt auch kein überraschendes Geigen-Solo der
neunjährigen Sharon, die von ihrer Mutter auf der Klarinette begleitet wird.
(5) Echt. Kein Scheiß jetzt.

Mit einem dreifachen «O Tannenbaum» grüßt
das Freese-Team

Kalte Filme zu Weihnachten, nach deren Anschauen man eine halbe Stunde heiß duschen muss

«The Revenant»

Über 90 Minuten Arschkälte, Tiefschnee, Held in nassen Klamotten, mit nassen Haaren, pennt ohne Schlafsack vorm Lagerfeuer.

«Star Wars – the Empire Strikes Back»

Erste halbe Stunde nur Schneesturm und im Kino keine Heizung an.

«Aschenbrödel mit den Haselnüssen» oder so

Sie wäscht bei minus zehn Grad ihre Wäsche im Fluss und trägt nur ein Kleid. Reitet barfuß (mit nur einem Schuh) durch die Nacht.

Filme, die schön durchwärmen

«Lawrence von Arabien»

Das bereute Geschenk

Zu Weihnachten und Geburtstagen möchte man seinen Lieben eine Freude machen. Aber haben Sie die Folgen wirklich durchdacht? Stichwort Blechtrommel? Folgende weitere Geschenke gehen nach hinten los:

- DAS SMARTPHONE* *für mehr Unabhängigkeit in der täglichen Kommunikation.* In der Folge tägliche Anrufe der/des Beschenkten, gerade aus der reifen Generation (!!!), warum denn «mein Internet schon wieder weg ist».
- DIE E-ZIGARETTE *für weniger Kondensat in der Lunge und giftigen Qualm in der Luft.* In der Folge ist man wochenlang damit beschäftigt, der/dem Beschenkten, gerade aus der reifen Generation, zu erklären, wie das Scheiß-Ding funktioniert, und täglich daran zu erinnern, dass man erst den verf... Verdampfer drücken muss vorm Saugen!!!!
- DAS RESTAURANT-GUTSCHEIN-COUPONHEFT. In der Folge muss man selber immer mit. Auch in die Gammelfleisch-Läden.
- DAS LOOM-BÄNDER-STARTER-KIT *für die Förderung der Kreativität des eigenen Nachwuchses.* In der Folge bekommt man viermal am Tag ein sehr farbenfrohes Plastikarmband geschenkt und läuft rum wie Wolle Petry in seinen besten Tagen.

---

* Der Europäische Gerichtshof hat nach einer Sammelklage aus einem Altenheim im Hunsrück entschieden, dass der Verschenker bei Technik-Präsenten wie Smartphone, Laptop oder iPad an Verwandte, die bereits das 70. Lebensjahr vollendet haben, automatisch einen persönlichen 2-jährigen Pflege- und Wartungsdienstvertrag eingeht.

Bessere Weihnachtskonditionen

In schöner alter Weihnachtstradition gibt Rosi Freese der Kirche alljährlich zum Advent mit einem Kündigungsschreiben die Chance auf verbesserte Konditionen.

TAXI FREESE –
Ihr zuverlässiger Taxi-Partner für alle Fälle!
Flughafen-Shuttle – Dialyse-Fahrten – Kurier-Fahrten
Tel. 696969

An
St. Markus Gemeinde
z.Hd. Pastor Kaiser
Mar ███████
███████████████

Betrifft: Austritt aus der Kirche

Lieber Pastor Kaiser,
ich hoffe, Sie haben sich in den letzten Wochen wieder gut von der Konfirmationsfeier meines Enkels Sven erholt. Sie waren ja plötzlich weg, als wir alle noch in die *Eule* gefahren sind zur Aftershow-Party, aber Sie mussten ja auch nächsten Tag wieder auf der Kanzel stehen. Also nix für ungut! Weshalb ich Sie heute anschreibe, hat folgenden Grund:
Ich trete hiermit aus der Kirche aus!
Und wenn ich meinen Handyvertrag bei der Telekom kün-

dige, denn bieten die mir ja auch erst mal was an, damit ich mir das vielleicht überlege.

Also, Pastor Kaiser, wir kennen das Spielchen ja aus den letzten Jahren!

Wenn Sie mir Heiligabend für die 16-Uhr-Messe acht schöne Plätze blocken könnten, auf Freese, und der Küster da irgendwelche Mäntel hinlegt, oder wat, schön weit vorne, aber nicht unter der Orgel, damit wir noch gemütlich Kaffee trinken können, und nicht schon 'ne Stunde eher da sein müssen – dann könnte ich mir das noch mal überlegen ...

Mit christlichem Gruß
Rosemarie Freese

PS: Wäre es nicht mal sinnvoll, gerade Heiligabend Einlasskontrollen vorzunehmen und jeder seinen Steuerbescheid mitbringen muss, auf dem dann zu sehen ist, wer überhaupt noch Kirchensteuer zahlt? Und der Rest kann ja mal im November morgens um zehn in die Kirche!

Noch mal mit christlichem Gruß
Rosemarie Freese

Das jährliche Weihnachtsdrama

Wann	Wo	Wer	Krise	Happy End
2014	Zu Hause	Mama, Svenni, Heiko	Oma musste Taxi fahren	Oma meldet sich mit 4 russischen Matrosen per Funk und singt mit «Stille Nacht»
2015	Zu Hause	Mama, Svenni, Heiko, Oma, Bernhard	Bernhard wollte nicht kommen, weil Oma ihm verboten hat, Burgunderschinken mitzubringen.	Oma holt Bernhard reuig mit dem Taxi aus Frechen ab.
2016	Dammer Berge, über der A1	Mama, Svenni, Bernhard, Oma Frechen, Opa Frechen, Bernhard, Heiko, Diverse Lkw-Fahrer	Oma weigerte sich, woanders zu feiern als zu Hause. Bianca fuhr deshalb mit Svenni alleine nach Frechen zu Bernhards Eltern.	Oma und Heiko besannen sich und fuhren nach Frechen. Gleichzeitig machte sich Bianca mit Svenni und Bernhard nach Norddeutschland auf. Verfolgt von Bernhards Eltern, traf sich die Familie auf der Raststätte Dammer Berge.
2017	Zu Hause	Mama, Svenni, Oma, Heiko, Bernhard, Tante Marlies, Onkel Pitti, Oma Frechen, Opa Frechen	Chaos auf dem Postamt! Die Weihnachtspost mit den Geschenken kam nicht an. Das zweite Raclette-Set (bei so viel Besuch) sowie das Atlantis-Gral-Spray, das Bianca Bernhard schenken wollte, fehlten. Die Postbeamtin wird ohnmächtig.	Postbeamter a.D. Georg Ahlers springt ein und ermöglicht in letzter Sekunde die Paketausgabe!

FAMILIENFEIERN

Die Konfirmation

Am Pfingstsonntag, dem 11. Mai 2018, wurde Sven Mbeki Freese in der St.-Markus-Kirche von Pastor Daniel Kaiser konfirmiert.

Bis dahin hatte Svenni die Gottesdienste mehr oder weniger geschwänzt. Vergeblich versuchte er, den Enkel von Herrn Yildiz zu engagieren, um in seinem Namen sonntagmorgens die 15 nötigen Stempel für das Konfi-Buch zu holen. Letztlich hat Oma Rosi die Sache mit dem Pastor im Vieraugengespräch geregelt.

Wenn es nach Svenni gegangen wäre, wäre das alles überhaupt nicht nötig gewesen. Nach seinem Plan hätte er allen Familienmitgliedern und Nachbarn und Freunden bindende Absichtserklärung unterschrieben, dass er mit 18 ganz normal in die Kirche eintritt. Wie jeder andere Erwachsene, der dafür nur einen kleinen Crashkurs belegen muss und nicht zwei Jahre lang einmal die Woche zum Konfirmationsunterricht, wär das ganz easy gewesen. Die Kohle hätte er trotzdem schon mit 14 erhalten! Omas Kommentar dazu:

Ich hab zu meiner Konfirmation 'ne weiße Kerze gekriegt! Ihr Arschgesichter kommt alle in die Hölle!!!

Die Gäste

Die Bad Nauheimer mit Onkel Herbert und der irren Susanne, die Frechener mit Erich, Margot, Bernis Schwester, ihrem Mann Tössi und Berni selber, das Taxi-Team, Svennis Kumpel Simon, Biancas Feundin Carola mit Mann Gero, Pastor Kaiser, die Freeses selber sowie – nur an der Tür zum Abgeben – reines Gruß- und Umschlags-Volk aus Nachbarschaft und Clubmitgliedschaften.

Svennis geplantes Konfirmationsgeld-Investment

Ein Boxspringbett und schöne Bettwäsche

Der Businessplan

Mehr Augenmerk auf lose Bekannte und Nachbarn, im Geldspendenbereich von fünf bis 20 Euro.

Kleinvieh macht auch Mist. «Bei Konfirmationen kannst du eben auch über die Masse kommen», weiß Heiko. Bei der Schaltung einer Zeitungsannonce benötigte Svenni mindestens fünf Nachbarn mit 20-Euro-Umschlägen zusätzlich, die ihn vorher konfirmationstechnisch gar nicht auf dem Zettel hatten, um überhaupt ins Plus zu kommen. Additiv gestaltete er dann noch fünf Wochen klassische Werbung mit Wurfsendungen in der Nachbarschaft. Bei 63 Haushalten in der Straße, von denen sich erfahrungsgemäß 80 Prozent die Zettel anschauen, konnte man erwarten, dass diejenigen, die alle Werbeflyer gelesen haben, 20 Euro geben.

Die erste Hochrechnung

Kurz vorm Kaffee hat man schon 1500 geknackt. Und da war der Briefkasten noch gar nicht ausgewertet!

Die Rechtsfrage

Carola ist ja nach der Konfirmation nicht mehr Svennis Patin. Muss sie ihm jetzt a) auch nix mehr zum Geburtstag schenken oder zählt b), wenn nicht, das Konfirmationsjahr dann wenigstens noch mit als Verpflichtung durch die Konfirmation im laufenden Kalenderjahr?

Liedtext «Her mit deiner Liebe»
(Herr, deine Liebe)
Freie Interpretation von Rosemarie Freese
Erstaufführung: 13. Mai 2018
(zum Konfirmations-Probegottesdienst)

Her mit deiner Liebe,
ist noch Platz am Ufer?
Bei Wind und Wei-te
Gehen wir nach Haus!

Die Frechener

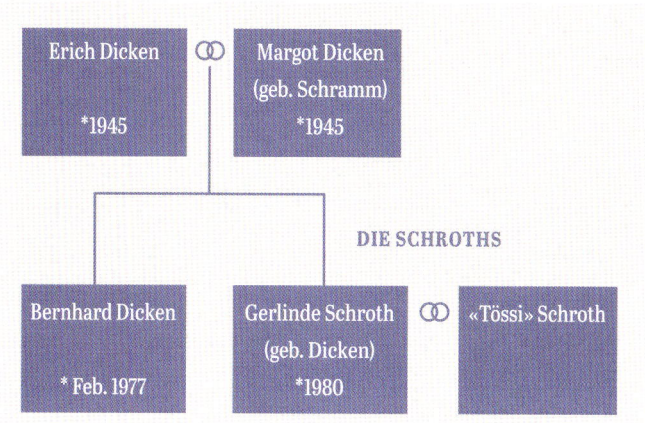

Erich Dicken
*1945

⚭

Margot Dicken
(geb. Schramm)
*1945

DIE SCHROTHS

Bernhard Dicken
*Feb. 1977

Gerlinde Schroth
(geb. Dicken)
*1980

⚭

«Tössi» Schroth

Bernhards Eltern heißen Erich und Margot und kommen aus Frechen bei Köln, von Bianca werden sie respektvoll beim Vornamen genannt, Oma Rosi sagt nur «die Frechener» und für Svenni sind beide, weil es praktischer ist und weil er jeden Monat 50 Euro Taschengeld bekommt, wenn er es persönlich abholt, «Oma Frechen» und «Opa Frechen», was zu einem echten Zerwürfnis mit «Oma Echt» führte.

Erich betreibt nach wie vor eine Anwaltskanzlei, seine Frau Margot führt den Haushalt und nimmt repräsentative Aufgaben im Golf-und-Country-Club wahr. Die Dickens genießen VIP-Status und haben First-Lane-Zugang im *Europapark*.

Bernhards jüngere Schwester ist verheiratet. Die Schwiegereltern sind aber verhasst bei Erich und Margot, was beide ein wenig über gewisse Auffälligkeiten der Freeses hinwegsehen lässt.

Familientradition zu Weihnachten

- Burgunderschinken an Heiligabendmittag
- Karpfen blau an Heiligabendabend

Haustier

- Schildkröte, überwintert im Tiefkühlfach

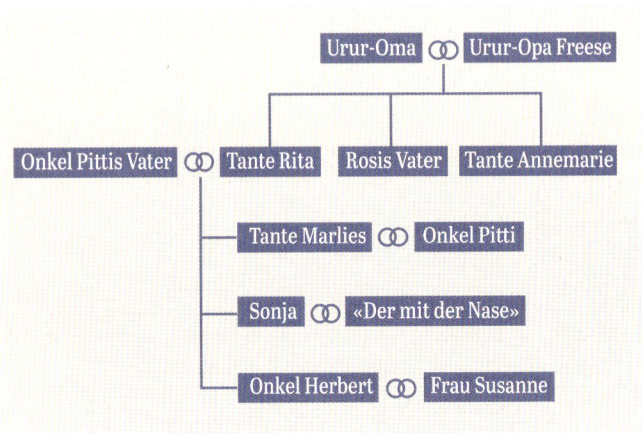

Die Bad Nauheimer

Tante Marlies

Ihr darf man niemals auf ihre zuckende Lippe schauen. Sie kommt aus gutem Hause und zu den diversen Familien-Legenden gehört, dass ihr Vater der eigentliche Erfinder von *Odol* gewesen ist. Sie hat als junge Frau neben Vico Torriani am Luganer See gewohnt, und da hat er ihr einmal Silvester den Schneeschieber aus der Garage gestohlen. Sagt sie.

Onkel Pitti

Ist der Ehemann von Tante Marlies und Sohn von Rosis Tante Rita. Er feiert 2019 seinen achtzigsten Geburtstag. Ihn einzuladen ist anstrengend, da er unter Laktose-Intoleranz ebenso leidet wie unter einer Haselnuss-Allergie. Man darf ihn weder auf Russland noch auf Religion ansprechen. Er liebt es, Motive aus der alten Heimat Ostpreußen zu malen, und beschenkt die Verwandtschaft reichlich damit. In Folge einer Zwangsstörung reibt er sich immerzu seine Hände.

Sie haben einen kahlen Papagei, der immer Pipi-Pitti ruft, wenn Onkel Pitti aufs Klo geht. Der gemeinsame Hund starb, als der Blitz in ein Schaschlik einschlug, das er sich gerade gemopst hatte.

Jeden Sonntag telefoniert Oma Rosi mit beiden. Weihnachten 2017 haben sich Tante Marlies und Onkel Pitti mit den Frechenern angekumpelt.

Tante Annemarie

Sie ist die andere Schwester von Rosis Vater und hier nur der Vollständigkeit halber aufgeführt.

Ihre Todesumstände sind tragisch. Ihr ist der Dackel durch die Beine gelaufen, als sie im Gehen eine Milchtüte aufschneiden wollte, und vor Schreck hat sie sich die Schere in den Kopf gerammt.

Tante Rita

Rita ist bereits verstorben und war die Schwester von Rosis Vater und ist die Mutter von Onkel Pitti. Ihr erster Mann hatte eine Losbude und starb, als er auf dem Jahrmarkt in Braunschweig einen Plüsch-Affen vom Dach der Losbude angeln wollte. Rosi Freeses sechzigster Geburtstag war einer von Tante Ritas letzten öffentlichen Auftritten. Auf ihrer Beerdigung hatte der Pastor eine allergische Reaktion auf Macadamia-Nüsse.

Sonja

Sie ist die Tochter von Tante Rita und verheiratet mit «dem mit der Nase». Sie hat einen besonders kleinen spitzen Mund und «konnte einen Apfel durchs Schlüsselloch essen», wie Oma Rosi zu berichten weiß.

«Onkel Werner»

Er war der zweite Mann von Tante Rita und Stiefvater von Onkel Pitti. Er hatte eine Spinne unter dem Zehennagel und verstarb zwei Tage nach Elvis Presley am 18. August 1977.

Onkel Herbert

ist gestorben, als er gierig in eine Grillgabel gefallen ist.

Susanne

Sie ist die «irre» Tochter von Onkel Herbert. Mit der ist was. Die ist immer nett und fröhlich und trinkt auch nicht. Hat keinen Führerschein!!! Heiko war auf Svennis Konfirmation an ihr dran.

Osterbräuche in Hessen

Wenn eingefahrene Bräuche, mit denen man selbst nicht aufgewachsen ist, sich über ein ganzes Wochenende verteilen, kann es schon mal befremdlich und unangenehm werden.

Nur ein Grund, warum die Freeses die Verwandtschaft in Bad Nauheim meiden.

Am Karfreitag

Wird in Bad Nauheim eine Forelle durchs Dorf getragen, und dann muss man einen trinken, an jedem Haus, an dem man vorbeikommt.

Am Samstagvormittag

Eierschibbeln. Das Eierschibbeln ist wie Boccia mit Hartgekochten. Dazu wird Äppelwoi gereicht. Reichlich.

Am Samstagnachmittag

De Nauheimä Stöffsche Biss. Ganz berühmt. Es müssen alle unverheirateten Männer ihre Nasenspitze bei einem Rammler durch den Hasendraht stecken, und wer gebissen wird, muss einen Kurzen trinken. Die Zuschauer trinken Bier.

Ostersonntagmorgen

Osterwasser! Traditionell schöpfen die jungen Frauen im Morgengrauen das Osterwasser schweigend aus dem Dorfbrunnen. Hier treffen sich die Bad Nauheimer und trinken Korn-Bowle direkt aus der Kelle.

Ostersonntagnachmittag

Schmackostern! Ein Brauch, den Onkel Pitti aus Ostpreußen mitgebracht hat und in Hessen groß gemacht hat. Die Frauen werden von den Männern mit einer geflochtenen Weidenpeitsche spielerisch auf dem Hinterteil gemaßregelt. Die leichten Schläge mit der Lebensrute folgen dem österlichen Gedanken an den Aufbruch. Dazu ein Schnaps.

Ostermontag

Fernsehen und Restetrinken.

Wir sind die Freeses

– Die Hesse komme

Mama: Leg doch mal das Handy wech!

Oma: Alarm, zu spät, de Hesse komme ...

Sven: Omilein, was ist mit dir?

Oma: Die Bad Nauheimer sind inner halben Stunde da, schreiben sie. Meine Güte, Bianca, hast du schon die Sommerwiese aufgehängt?

Mama: Wie bitte?

Oma: Dies Bild von Ostpreußen, was Onkel Pitti uns gemalt hat ...

Mama: Nee, ich weiß nie, wie rum das gehört. Das liegt irgendwo hinter den Winterreifen oder in der Sauna.

Auftritt Heiko Postel

Heiko: Moin Leute, was is' hier denn los?

Mama: Heiko! Onkel Pitti und Tante Marlies kommen gleich und denn müssen wir so 'n büschen umdekorieren. Svenni!

Sven: Ja?

Mama: Trag schon mal den Kinder-Webrahmen hoch, den Tante Marlies dir zu Weihnachten geschenkt hat, und denn gehst du in den «Eine-Welt-Laden» und kaufst'n Topflappen oder irgendwas, was nach dir aussehen könnte.

Heiko: Ihr legt euch ja ins Zeug! Nur wegen Verwandtschaft?

Oma: Du, das sind drei Tage Stress, weil man kann sich nicht so geben, wie man ist.

Heiko: Ja als hätt man einen Stock im ... also hinten!

Oma: Du sagst es, Heiko, man traut sich ja drei Tage nicht mal aufs eigene Klo.

Mama: Mutti, bitte!

Oma: Ja ist doch so! Im Kühlschrank musste ich schon die ganze Wurst aus der Packung auf 'ne Servierplatte machen.

Sven: Ich find das ganz schön, man greift schneller hin, das Auge isst mit!

Oma: Das is doch nur, weil Tante Marlies immer im Bioladen kauft – angeblich!!!

Mama: Mutti, aber ...

Oma: Ich kenne sie! Und denn fängst du auf einmal an, Joghurtbecher auszuwaschen, wenn sie dir über die Schulter guckt, und der Junge darf auf einmal keine Pizzakartons mehr in Müllsack stopfen!

Sven: Ich darf ja nicht mal Pizza essen, wenn die da sind!

Mama: Weil wir lieber eine Focaccia selber machen, mit dem tollen Olivenöl, das ...?

Sven: *... das Tante Marlies uns aus Kreta mitgebracht hat! Danke Tante Marlies!*

Mama: Okay, das sitzt schon mal. So, denn müssen wir ja nur noch den Badschrank entkernen.

Heiko: Wat soll das?

Mama: Ja, Heiko man merkt, dass du nie Besuch hast, sorry aber ...

Oma: Heiko! Ein Badezimmerschrank breitet dein ganzes Leben vor deinen Gästen aus. Mach dir das zunutze!

Heiko: Aha ...

Oma: Deine Tönungen, den Hornhauthobel, Epilierer, Wachsstreifen, Hämorrhoidensalbe ...

Sven: Oma!

Oma: Ich benutz die für die Augen! Das packst du alles inne

Tüte und stopfst es in die Sockenschublade. Dafür stellst du ein Lavendel-Tonic von *L'occitane* rein, Öko-Seifenspender vom *Bodyshop*, Totes-Meer-Salz und ein Puder von *Elizabeth Arden.*

Mama: So will ich das haben! Dann muss Svenni noch den Podolski-Aufkleber vom Klodeckel abmachen.

Sven: Oh ...!!!

Mama: Und die Eintrittskarte fürs Kunstforum, die wir im City-Center-Fahrstuhl gefunden haben, mach ich dann noch unter den Kühlschrankmagneten! Dann ist es perfekt!

Heiko: Eine Frage.

Mama: Ja?

Heiko: Könnt ihr nicht einmal wie 'ne normale Familie sein?

Oma: Ja, wat meinst du, wozu wir das Ganze hier machen?!!

Gemälde aus Ostpreußen

Leuchtturm am Kai, von Onkel Pitti

Hochzeit mit der Familie

Saskia aus Dassow fragt: «*Kann man bei der eigenen Familie nicht ein bisschen neidisch sein auf eine royale Traumhochzeit wie bei Prinz Harry und seiner Meghan?*»

Liebe Saskia,

nein!

Meghan Markle musste auf ihrer eigenen Hochzeit die KÖNIGIN von Dänemark am Buffet vorbeilassen und vor Kate musste sie sogar knicksen, dabei hat die ja auch noch nicht so viel gerissen. Und glaubt mal nicht, dass die Queen mit Charles und William 'n Sketch aufgeführt oder mi'm Tablett Roten Korn durch'n Saal gegangen ist! Oder dass Felipe von Spanien mi'm Buttermesser gegens Glas gehauen hat und der ganze Saal «Küsschen, Küssen» gegrölt hat. Oder dass Prinz Philipp Meghan angesäuselt bei der Mitternachtssuppe das Du angeboten hat und anschließend beim Barfußtanzen – Sirtaki! – ins Tortenbuffet geflogen ist. Wie das bei uns Otto Normalsterblichen so üblich ist.

Also macht euch nicht fertig! Genießt eure Freiheit! Und wenn Tante Edeltraut gestenreich am Mikrophon Kindheitserinnerungen aus Pommern vortragen will, dann schließt die Augen und denkt dran, dass der Erzbischof von Canterbury ja auch nicht gerade ein Gag-Feuerwerk ist.

Viele Grüße, Oma Rosi

FAMILIENFEIERN – Der FANCHECK

Welches Weihnachts-Traditionsessen hat Bernhard
mit in die Familie gebracht?

Warum schreibt Rosi jedes Jahr zu Advent der
Kirche ein Kündigungsschreiben?

Wer hat die Weihnachtstradition Toast Hawaii in die
Familie eingeführt?

Aus welcher Region stammen Onkel Pittis Mal-Motive?

Wie heißen Bernhards Eltern?

Woran starb Tante Annemarie?

Was wollte Svenni sich zur Konfirmation kaufen?

Warum sollte man niemals ein Restaurant-
Couponheft verschenken?

Wie heißt Svennis Pastor?

Welchen Partnerlook tragen Bernhard und
Bianca zu Weihnachten?

(Auflösung Seite 269)

KAPITEL 9

SVENNI FREESE

NAME: Sven Mbeki Freese

GEBOREN: 11. November 2003

STERNZEICHEN: Skorpion

KÖRPERGRÖSSE: 166 cm

GEWICHT: völlig in Ordnung

HAARFARBE: Schuhcremebraun

GESCHWISTER: keine. Zumindest mütterlicherseits

FAMILIENSTAND: ledig

KINDER: 1

HAUSTIERE: Er hatte mal Guppys, weiß aber nicht mehr, wo die sind. Heute Nager und Hund

HOBBYS: Playstation, Handy, Geld, Abhängen, Chillen, Faulenzen und mal ausruhen

MUSIK: Taylor Swift, Elvis und Nicki Minaj (bei ihr aber nur die Cover)

BERUF: noch Schüler und Privatier, lässt sein Taschengeld arbeiten

SCHWARM: Frau Pahlke

LIEBLINGSESSEN: Ossobuco, wenn es gut gemacht ist

TELEFON: immer das neueste

ICH BIN: die geilste Härte!

Sven Freese

– der Hausbesuch

Ich stehe allein in Svennis Zimmer. Die Luft ist verbraucht. Eine prall gefüllte Plastiktüte mit Schwimmsachen scheint schon eine ganze Zeitlang vor sich hin zu müffeln. Der riesige Fernseher, den Svenni sich zu seinem 15. Geburtstag schenken ließ, ist die einzige Lichtquelle in dem komplett abgedunkelten Raum. Die etwas anstrengende Musik seines unterbrochenen *Playstation*-Spiels dröhnt aus den bassverstärkten TV-Lautsprechern. Wie ein Archäologe auf dem Weg zur Gantenbrinktür in der Cheops-Pyramide bahne ich mir vorsichtig den Weg durch den von Sachen überhäuften Fußboden. Sven Freese zieht es vor, aus dem Haufen zu leben, wie er sagt. Warum sollte man auch die frisch gewaschene Wäsche, die aus dem Trockner geholt wird, erst mühsam im Kleiderschrank verstauen? Neben Kapuzenpullis, zusammengeschrinkelten Chino-Hosen, unzähligen einzelnen Sneakersocken und umgekrempelten Unterhosen, die offensichtlich noch nie einer 90-Grad-Wäsche unterzogen worden sind, finden sich bunte Schulhefter, Bücher und zerknüllte Ringbuchblätter.

Svenni sei im Badezimmer, hatte mir seine Mutter mitgeteilt. Er liebt tägliche Schaumbäder wie bei *Pretty Woman*. Mit geschlossenen Augen und Fingern in den Ohren kann er hier den dauernden Nachstellungen von Mutter und Oma entfliehen. Oder in Ruhe auf der Toilette sitzen. Er brauche seine täglichen 15 Minuten «auf Klo» für sich, wie er immer wieder betont. Auch auf Reisen. Geht es zur Familie nach Bad Nauheim, trägt er auf deren Toilette stets ein Paar Thrombose-Strümpfe, weil Onkel Pittis Sitzerhöhung ihm die Knie-Arterien abklemmt. Diese penible Auseinandersetzung mit den Anforderungen des Lebens betreibt er schon seit frühester Kindheit.

Ich gehe zum Fenster, ziehe das Rollo hoch und öffne es. Im Garten sieht man das etwas verwitterte Trampolin, auf das er so viele Jahre geschickt wurde, wenn seine Familie mit seiner Anwesenheit überfordert war. Vier Jahre ist er jetzt schon in der Pubertät, deren Beginn mit einer Hodenvermessung bei Dr. Hase eindeutig nachgewiesen wurde – sicherlich nicht leicht für einen Elfjährigen.

Diverse Poster leichtbekleideter weiblicher Popstars zeugen von der Entwicklung des kleinen gnubbeligen Pausbäckchens mit den immer klebrigen Fingern zu einem jungen Mann. Seit zwei Jahren hat er einen leichten Flaum unter der Nase, der unglücklicherweise in den schmalen Konturen eines – na, sagen wir mal: Charlie-Chaplin-Bartes gewachsen ist. Das Rasieren hat ihm seine Oma beigebracht, die auch ihre eigenen «Schnurrhaare» mit dem *Braun* des verstorbenen Opas stutzt. Als Familienoberhaupt bereitet Rosi Freese den «Lütten» auf seine Rolle als zukünftiger «Freese 1» vor. Denn egal was der schlaue Enkel mit den eindeutigen Inselbegabungen später einmal studieren möchte, sein Engagement im familieneigenen Taxibetrieb ist vorbestimmt. Dass ihr der Junge einmal entgleitet, wie es seinerzeit mit Bianca geschehen ist, die Afrikanistik studierte, darf unter keinen Umständen passieren. Sonntags wird auf dem Baumarkt-Parkplatz das Autofahren geübt. Ebenso weiß der Junge bereits, wie man mit einem Teelöffel einen Motor startet. Das Rückwärts-Einparken auf engstem Raum wurde ihm im Autoscooter vermittelt. Ebenso wie seine Oma hat er das Schausteller-Gen in sich, und sie ist so stolz darauf, dass sie ihm sogar schon vor der Konfirmation den Autoscooter-Zauberschlüssel schenkte, mit dem ein Freese überall in der Republik unbegrenzt fahren kann. Nein, nein, das Versprechen gilt: Mit 18 bekommt der Junge Omas Taxi!

Auf dem Nachttisch stehen leergegabelte Mikrowellen-Packungen und Teller mit angetrockneten Essensresten. Ein Häufchen steinharter Kroketten, die wahrscheinlich vor langer Zeit einmal mit Käse überbacken worden sind, sind Beweisstücke einer längst überwunden geglaubten Gratin-Phase, in der Svenni wirklich alles mit geschmolzenem Emmentaler überzogen hat. Im Restaurant bevorzugt der junge Feinschmecker langsam geschmortes Ossobuco, zu dem er sich einen halben Liter eisgekühlte Fanta gönnt.

An der Wand hängt immer noch eine gerahmte Urkunde, die eine Teilnahme an der Kinder-Mini-Disco im Urlaubsresort auf Mallorca bestätigt. Ist es der ehrliche Stolz auf vergangene Taten oder einfach nur die Faulheit eines Teenagers, die dieses Dokument der Kindheit ins Jugendalter hinübergerettet hat? Daneben hängt eine Medaille vom Hallenturnier beim BSV. Der fünfte Platz sprang raus, und trotz aller motorischen Unzulänglichkeiten gelang dem kurz vor Schluss eingewechselten «Joker» das erste Tor seiner Sportkarriere. Keine Ahnung, wie er das Ding reingekriegt hat, wundert man sich im Sportverein. Svenni selbst spricht in Anlehnung an Diego Maradona vom «Arsch Gottes». Tja, der Sport …! Jahrelang trug der Junge illegal das Goldabzeichen an einer Badehose, die auf dem Flohmarkt erstanden wurde. Mit sieben Jahren hat er, der in einem Anfall von Arroganz das Seepferdchen übersprang, den theoretischen Teil der Freischwimmer-Prüfung hinter sich gebracht. Fünf Jahre später hat er dann auch endlich die 200 Meter in 14:56 Minuten geschafft und buchstäblich in letzter Sekunde den Sack zugemacht. Zäh ist er. Und so reaktionsarm in seinen Bewegungen, dass ihm im Zoo sogar einmal ein Faultier auf den Kopf gefallen ist. Sein leichtes Übergewicht nimmt Svenni dabei mit Humor. Wenn er, der sich eigentlich als Captain America verkleidet hat, auf dem Schulfasching für das Sams gehalten wird, dann lacht er einfach mit den anderen mit und kommt im folgenden Jahr zusammen mit seinem Kumpel als «Simon & Pumba». Es klingelt an der Tür.

«Das Einzige, was seine Welt regelmäßig zum Einsturz bringt, sind die Peinlichkeiten und Bloßstellungen seiner Familie», geht es mir durch den Kopf, als ich das Zimmer wieder verlasse. Wie aufs Stichwort muss ich miterleben, wie seine Mutter gegen die Badezimmertür hämmert und laut brüllt: «Svenni? Machst du immer noch Atzi auf Klo? Deine Freundin ist hier!»

Wir sind die Freeses
– Das «Gespräch»

Oma: Leg doch mal das Handy wech!

Mama: Ja nee, ich guck noch mal, wann mein Zug fährt! Denkst du dran, dass Svenni sich die Zähne putzt!?

Oma: Ja, meine Güte. Is ja nur ein Wochenende.

Mama: Er soll trotzdem putzen!

Oma: Ja doch! Jetzt genieß mal dein Wochenende. Zum ersten Mal seit – äh – Jahren hast du wieder wat mit einem Mann!

Mama: Ja, so richtig mit Rendezvous ist noch länger her.

Oma: Mach dich locker.

Mama: Weißt du, Svenni ist schon die ganze Woche so komisch, und ich hab kein gutes Gefühl, wenn ich jetzt wegfahre.

Oma: Ja.

Mama: Ihm liegt irgendwas auf der Seele. Und gestern sagte er schon, er will unbedingt noch mal mit mir reden.

Oma: Wat will er denn reden?

Mama: Mutti, er wird jetzt 13 und sein Körper verändert sich. Und vielleicht hat er Fragen, wenn du weißt, was ich meine.

Oma: Ach du Scheiße! Ja. Nee. Denn will ich mal lieber nicht stören.

Mama: Mutti ...

Oma: Ich hab dir damals Filme hingelegt!

Oma verlässt fluchtartig den Raum und nickt beiläufig ihrem Enkel Svenni zu, der zu seiner Mutter möchte.

Svenn: Hallo!

Mama: Oh, na mein Svenni?

Er ist verlegen.

Sven: Du Mama, darf ich dich mal was fragen?

Mama: Was ist denn, Svenni? Liegt dir was auf dem Herzen?

Sven: Ja.

Mama: Was hast du denn?

Sven: Ja, ich weiß gar nicht, wie ich das sagen soll …

Mama: Sag es einfach. Du kannst mir alles sagen …

Sven: Das ist wegen –

Er wird rot.

Sven: Sexverkehr!

Mama: Oh! Ja …

Sven: Ja.

Mama: Also ich finde es gut, dass du mich drauf ansprichst. Das finde ich ganz, ganz toll, dass du da von selbst auf mich zukommst.

Sven: Früher oder später müssen wir dieses Gespräch ja sowieso führen.

Mama: Ach Svenni, mach dir doch nicht so viele Gedanken, das ist alles völlig natürlich!

Sven: Okay, dann will ich nicht lang um den heißen Brei rumreden.

Mama: Ja, mein Svenni.

Sven: Wenn ihr jetzt am Wochenende Sexverkehr machen wollt, dann macht das! Aber schützt euch!!!

Mama: Wie bitte?

Sven: Nein, mal ernsthaft! Du hast jetzt ja diesen Freund, der vielleicht auch mehr will. Ich weiß nicht, wie du das siehst, aber du bist ein neugieriger Mensch, und das ist auch völlig normal …

Mama: Was sagst du?

Sven: ... und auch gut! Das ist gut!!! Du musst keine Angst haben, dass du irgendwas falsch machst, nur weil du schon so lange nicht mehr ...

Mama: Sag mal, versteh ich dich richtig?

Oma reckt dann doch noch mal den Kopf durch die Tür.

Oma: Also, ich meine, der Junge liest zu viel *Bravo*.

Sven: Nee! Hör mir mal zu. Mama! Auch wenn dein Freund mehr Erfahrung hat als du, ist er bestimmt genauso aufgeregt wie du vor eurem ersten Mal.

Mama: Wie bitte?

Sven: Neuland gibt's auch für ihn noch.

Mama: Also ich ...

Sven: Und ab jetzt geht ihr gemeinsam auf Entdeckungsreise! Du musst dich nicht schämen.

Mama: Bitte? Ich ... ich ...

Sven: Nein, das ist alles völlig normal!

Ihr wird blümerant. Sie fasst sich ein Herz.

Mama: Sach mal! Das ist ja wohl ...!!! ICH HATTE SCHON SEXVERKEHR, DA WARST DU NOCH GAR NICHT AUF DER WELT!!!

Oma: Können wir nicht einmal wie 'ne normale Familie sein?

Sven: Ich möchte ja nur nicht, dass ihr euch irgendwo rumtreibt!

*Wenn jetzt so 'n Dackel irgendeinem ans Bein
bockt, denk der denn, das ist 'ne Hundedame, weil
er dumm ist, oder sagt er sich: «Leute, ich weiß
ja selber, dass das hier nur das Bein vom Bofrost-Mann
ist, aber mein Gott, für jetzt und hier …»*

HEIKO

– die Fakten

Svens Spitznamen

1. Svenni
2. Zwenni
3. Freese

Seine Wunschvorstellung insgeheim

1. Chuck
2. *Iceman*

Svennis Genialität und Unzulänglichkeiten

Bci kcincm Freese ist die Kluft zwischen geistiger Genialität und körperlichem Unvermögen so groß wie bei Sven. Auf der einen Seite löst er hochkomplexe Matheaufgaben in Sekundenbruchteilen und besitzt einen enormen Fundus an Lernwissen, dass er jederzeit abrufen kann. Auf der anderen Seite leidet er an einer Pingasthenie («Malschwäche»). Zurückzuführen ist diese «Besonderheit» wohl auf seine angeborene Motorikschwäche. Besonders bei sportlichen Aktivitäten wie den Bundesjugendspielen oder dem Fußball kommt dies zum Tragen. Tragischerweise ist die Liste seiner körperlichen Unzulänglichkeiten so lang, dass wir aus Platzgründen stichwortartig aufzählen:

- Er kann nicht rückwärts gehen.
- Er war erst mit vier Jahren trocken.
- Muss Bälle im Sitzen werfen, weil er sonst nach vorne umfällt.
- Kann nicht auf den Boden spucken (landet immer auf Schuhen oder Hose)!
- Er kippt vom Fahrrad, wenn er absteigen muss und sich nicht abstützen kann.
- Bleibt im Freibad immer im Drehkreuz hängen.
- Kippt beim Schuhezubinden auf die Seite.
- Hält Messer und Gabel wie einen Fahrradlenker.
- Dreht sich im Schlaf einmal komplett im Uhrzeigersinn.

Sven Freese bekommt Nasenbluten, wenn …

- … er beim Fußball eingewechselt wird (vor Aufregung).
- … er im Schnitzelhaus zeigen soll, wie gut er sein Schnitzel selber schneiden kann.
- … er sich mit Oma bei der Kurkartenkontrolle betrügerisch jünger machen soll.
- … er bei Kumpels übernachtet hat und von seiner Mama blamiert wurde. Stichwort: «Atzi-/Potzilappen nicht vergessen zu benutzen».

Körperliches

- In seinen Bauchnabel passt eine halbe Tüte Erdnüsse.
- Hat den Scan-Blick des Spiderman: Er kann in Millisekunden Dinge erfassen, wenn andere erst lange gucken und suchen müssen. Stichwort: Flohmarkt.
- Er hat eine Nuss-Allergie. Seine Lippe schwillt bei Nüssen augenblicklich ballonartig an.
- Kann gelbe und orange Käse-Scheibletten nur am Geschmack unterscheiden.
- Konnte die ersten sieben Jahre nur Cocktailwürstchen essen, weil er ein Weichesser ist.
- Hat Käsefüße und einen winzigen Zeh ohne Nagel, stattdessen eine Art «Ritze» – dadurch sehen seine Füße aus wie *Knack&Back*-Brötchenteig, in den man mit Rasierklingen reingeritzt hat.

Die Fußballkarriere in Zahlen

- 18x Weltmeister!
- 2x Deutscher Meister (in einer Nacht)!
- Hat als Manager Ronaldo zu Hannover 96 geholt!
- ... bei FIFA Soccer 15.

Traum, der noch eintreten soll:

- Einen großen Würzklumpen in der Chipstüte finden.

Meilensteine
eines jungen Lebens

21. Juli 2004:
Das erste Wort: «Maggl»

4. Juli 2006:
Das erste Mal mit dem Kopf im
Geländer vom Streichelzoo

Ostern 2007:
Das erste Mal Autofahren auf
dem Baumarkt-Parkplatz

15. März 2008:
Erster Auftritt an der Triangel
im Spielmannszug

9. Januar 2009:
Beschneidung nach Phimose

10. Dezember 2009:
Ihm fällt im Zoo ein Faultier
auf den Kopf

9. August 2010:
Mit Teelöffel Automotor gestartet

18. November 2010:
Theoretischen Teil des Frei-
schwimmers bestanden

3. September 2012:
Streitschlichter an der Grundschule

3. Dezember 2012:
Erste Medaille bei Fußballturnier

Juni 2013:
Schleifenbinden gelernt

14. September 2014:
Erstes Handy

16. Februar 2015:
Hodenvermessung bestätigt
Einsetzen der Pubertät

25. Mai 2015:
Oma schenkt ihm den
Autoscooter-Zauberschlüssel

14. Oktober 2015:
Zum ersten Mal verlobt auf
Klassenreise

11. November 2015:
Erster Griff in Omas Hartgeld-Eimer

1. Januar 2016:
Neujahrs-Fußballturnier. Erstes Tor!

5. April 2016:
Durchbruch zum Musicalstar mit
«Nessun Dorma»

29. April 2016:
Stimmbruch

2. Juni 2016:
Praktischen Teil Freischwimmer
bestanden

12. Dezember 2016:
Erster Pickel

13. Februar 2017:
Erste Rasur mit Omas Braun-Rasierer

1. Februar 2018:
Erster Kuss mit Marilu

11. November 2018:
Mofaführerschein

Sehnsucht nach dem Vater

Das Schicksal von Sven Freeses Vater wird beharrlich totgeschwiegen. Dabei lebt er und heißt Nigel. Das wissen wir. Im Krankenhaus wurde der Geburtsname Sven Mbeki Freese ins Register eingetragen. Dabei sollte der Name Mbeki nach Biancas Wunsch Teil des Nachnamens sein. Nach einer Ablehnung durch das Standesamt entschied man sich, Mbeki zum zweiten Vornamen zu machen.

Auf Elternabenden und auf Partys rettete sich Bianca stets in dieselbe Vaterlüge, die da lautet, dass Svennis Vater nicht bei der Familie sei, weil als Wissenschaftler ein Orang-Utan-Projekt auf Borneo leite. Sven selbst hat sich mit der Situation nach außen hin arrangiert und gibt an, dass seine Oma der beste Vater sei, den man sich wünschen kann.

Doch wenn er alleine ist, kommt die Wahrheit ans Licht, wie in diesem Lied, das Sven Freese zum Vatertag 2017 geschrieben und gesungen hat.

Sven Freese:
«Papa» (Songtext)

> *In meinem Traum riechst du nach Camembert*
> *Bist 120 Kilo schwer*
> *Und an den Ohren wächst bei dir ein langes Haar.*
>
> *Du machst mich peinlich vor der ganzen Gang,*
> *Wenn wir bei mir in Zimmer häng',*
> *Aber trotzdem wärst du für mich der Superstar!*

Mein Papa ist zum Kuscheln da
Und Fifa-Zocken, ist ja klar
Auch wenn du keine Ahnung hast, wie's geht,

Ich stelle dir dein Handy ein,
Dafür gibt's dann 'n kleinen Schein
Und den Tipp, wie man beim Pinkeln sicher steht.

Mein Papa schreit mich auch mal an,
Wenn ich laut furz beim Autofahr'n
Und Papa – hey – auch wenn's dich gar nicht gibt:

Ich hab dich ganz doll lieb!

Jahresringe

Manchmal geht eben was daneben. Flecken auf der Matratze eines männlichen Jugendlichen zeugen für den Rest der Familie noch Jahre später von den einzelnen Entwicklungsstufen des Heranwachsens. Die Ausläufer dieser faszinierenden Batiken lassen sich lesen wie Jahresringe von Bäumen, die doch alle eine Geschichte erzählen.

Matratze Sven Freese

(90 cm x 200 cm) aus den Jahren 2007–2015

2007: Endlich windelfrei. Auf der Party im Bett wurde dann noch abends mit Fanta gefeiert. Und na ja ...

2009: Schock-Einnässen, als Oma als Hexe von Halloween nach Hause kam.

2010: Nachmittags eingeschlafen beim Wassereis-Essen.

2011: Ausgelaufene Apfelschorle. Schöner Verlauf, starke Kontraste.

2012: Kakao, der vom Nachttisch ins Bett gekippt ist.

2013: Getrockneter Salz-Schweiß im Hitze-Sommer.

Du brauchst ein ganzes Dorf, um ein Kind großzuziehen

Sybille aus Sommerland fragt: «*Die Mutter der Freundin meiner Tochter hat ihr den Pony geschnitten. Darf die das???*»

Liebe Sybille,
nein! Darf sie nicht.
Die Grenzen der Einmischung anderer in deine Erziehung bzw. die sich daraus ergebenden Zuständigkeiten und Kompetenzen teilen sich nach dem Modell Oma Rosi in zwei Bereiche auf. Das ist wie mit Hausrat und Gebäudeversicherung, sagt die Faustregel.
– Hausrat deckt ab: Hose, Jacke, Schuhe, Schmuck und so weiter. Da dürfen auch andere mitbestimmen und schenken.
– Gebäude deckt ab: Alles fest Eingebaute wie Türen, Fenster, Einbauküche – also im übertragenen Sinne Arme, Ohren, Nase, Haut und Haare. Das bleibt Elternrecht.

Drei Beispiele:
Pisspottfrisur schneiden > Gebäude> Elternrecht
Ohrring stechen lassen > Gebäude > Elternrecht
Hässliche Bomberjacke kaufen > Hausrat > Jeder darf

Alles Liebe
Oma Rosi

Elterliches Recht auf Aufenthaltsbestimmung vs. freie Persönlichkeitsentfaltung

Emily (14) fragt: *«Ich soll mit meinem kleinen Bruder (8) und meinen Eltern eine Woche zum Wandern ins Berchtesgadener Land. Meine Freundin Zoe sagt, dass sie bei euch gehört hat, dass man mich nicht zwingen kann. Stimmt das?»*

Liebe Emily,

Radio hören hilft. Deine Freundin Zoe hat recht. Zumindest wurde es so verhandelt, als Svenni sich weigerte, mit seiner Familie zum Campen nach Mecklenburg zu fahren: «Mein Anwalt sagt, hier steht das elterliche Recht auf Aufenthaltsbestimmung gegen meine freie Persönlichkeitsentfaltung nach § 2 Grundgesetz.»

Und das stimmt. Die elterliche Sorge und damit das Aufenthaltsbestimmungsrecht über das Kind ist in mehreren Paragraphen des BGB dahingehend geregelt, dass Eltern ihren Kindern befehlen können, wo sie sich unter ihrer Obhut aufzuhalten haben. Ab 14 Jahren wird den Kindern in der Regel jedoch eine Einwilligungsfähigkeit zugesprochen. Das heißt, dass deine Eltern dich um deine Zustimmung bitten müssen. Für deinen kleinen Bruder sieht es dagegen schlechter aus. Für ihn und sicherheitshalber auch für dich ist es ratsam, immer ein paar ärztliche Atteste in der Hinterhand zu haben. Weil, egal wie alt du auch bist: Wenn du eine Nuss-Allergie hast, können deine Eltern dich nicht zwingen, Nutella zu essen.

Folgende Unterlagen sind hilfreich:
- *Attest über nachgewiesene Bergwipfel-Intoleranz bzw. Höhenangst,*
- *Attest über Wohnmobilunverträglichkeit,*
- *Attest über posttraumatische Belastungsstörungen nach Senioren-Nachmittagen mit Älteren,*
- *Attest über Aufmerksamkeits-Überfluss-Syndrom AÜS.*

Alles Gute, deine Rosi

Der Enkeltrick
– so funktioniert's

Dennis (14) aus Mölln fragt: «Hey Leute, in irgendeiner Folge hat Svenni es beinahe geschafft, für sich und seinen Kumpel Alkohol im Supermarkt zu besorgen. Wie ging das noch?»

Lieber Dennis,
es wäre unverantwortlich, dir den sogenannten Enkeltrick zu verraten – aber wir tun's trotzdem:
Phase 1.
Einkaufsbereitschaft bei eurer Oma signalisieren. Nach Möglichkeit die Einkaufsliste selber schreiben. Jetzt wird's tricky. Nach der Prüfung der einzukaufenden Produkte durch eure Oma fügt ihr jetzt Spirituosen, wahlweise Tabakwaren oder 'ne Coupé auf die Liste.
Phase 2.
Im Supermarkt angekommen, sollte man eine Unschuldsmiene aufsetzten und einen Mitarbeiter suchen. Fragt, ob er euch helfen kann, weil ihr für eure Oma einkaufen müsst,

da sie krank ist. Vorteilhaft sind Supermärkte, in dem eure Oma Stammkundin ist, da die üblichen Einkaufsgewohnheiten den meisten Mitarbeitern bekannt sind. Achtet darauf, die Erkrankung blumig zu beschreiben – wenn es sein muss, auch pantomimisch. Stottert die Namen der Schnaps- oder Biersorten bewusst falsch hervor. Nachdem er oder sie alle Waren zusammengesucht und in den Einkaufswagen geschmissen hat, geht es weiter zu Phase 3.

Phase 3.

Lasst euch den Namen des Mitarbeiters geben, damit fällt und steht die gesamte Operation. Guckt euch um. Ist irgendwo jemand, den ihr kennt? Die Nachbarin oder der Postbote könnte euch jetzt einen Strich durch die Rechnung machen und euch auffliegen lassen. Verhaltet euch an der Kasse ruhig und seht dem Kassierer nicht zu früh in die Augen. NICHT IN DIE AUGEN SEHEN!!! Timing ist alles, Leute. Vielleicht telefoniert ihr ganz beiläufig. Jetzt seid ihr in der heißen Phase.

Heiße Phase.

Sobald die «heiße Ware» mit einem Piepen über das Laufband gezogen wird, haltet den prüfenden Blicken des Kassierers stand und sprecht mit eurer tiefsten Stimme. Nennt den Namen des Mitarbeiters und sagt, dass er gesagt habe, dass es in Ordnung gehe. Haltet die nun folgenden zwei Sekunden durch und brecht nicht ein. Wichtig in der Situation ist es, gleichmäßig durch leicht geöffnete Lippen zu atmen, um den Puls zu kontrollieren. Wenn alle Stricke reißen und die Bombe platzt, schreit ganz laut: «Da ist ein Eichhörnchen!!» und rennt aus dem Laden.

Viel Spaß wünscht euch: Svenni Freese

Das Leistungsprinzip

Ist Sven Freese zu verwöhnt? Niemals! In der heutigen Leistungsgesellschaft wird das Erreichen eines neuen Levels nur nicht mehr so mager belohnt wie früher!.

	Früher	Heute
Konfirmation	Eine schöne Kerze. Ein schönes Foto. Ein schöner Löffel. Ein schöner Schnaps.	«Konfi 2018»-Aufkleber auf der Auto-Heckscheibe, Familien-Konvoi von der Kirche zum Fototermin und zum Restaurant. Mehrere tausend Euro Bargeld.
Abitur	«Abi 89»-Aufkleber. Schulball in der Pausenhalle, die von den Eltern geschmückt wurde.	«Abi 2018»-Merchandise-Serie, großer Ballsaal (zwei Jahre vorreserviert), bis zu 12 Familienmitglieder am Familientisch, Limousinen-Shuttle von Menk & Bode (750€), Feuerwerk, prominenter Marken-DJ mit Chart-Erfolgen, Smoking bzw. zwei Abendkleider (eins fürs Foto und danach eins zum Tanzen), alle Mädchen haben das gleiche Diadem im Haar, die Knaben eine Leih-Zigarre in der Brusttasche.
Freischwimmen	Ein Eis.	Ausflug in den Freizeitpark und Anzeige im *Wochenblatt*.

> Unser geliebter Sohn und Enkel
>
> ## Svenni Freese
>
> hat nun im Freibad seinen Freischwimmer gemacht,
> und das stimmt wirklich. Wir sind alle sehr stolz
> und glücklich und wohlauf.
>
> **Bianca Freese**
> **Rosemarie Freese**
> **(von Taxi Freese, Tel. 696969)**
> **Heiko Postel**

Der beste Kumpel – Simon

Hinter jedem starken Jungen steht sein bester starker Freund. Das war schon bei Bud Spencer und Terence Hill so, und genauso bei Rocky und Apollo Creed in *Rocky III*. Im Fall von Svenni ist es sein Homie Simon. Aus einer anfänglichen Busbekanntschaft ist über die Jahre eine auf Coolness basierende Freundschaft geworden. Zusammen meistern sie die Höhen und Tiefen der Coming-of-Age-Phase: Autoscooter fahren, Flaschendrehen in Simons Sündenpfuhlkeller oder auch beim *Fifa*-Zocken auf der *Playstation*. Man respektiert sich und ist «down» miteinander. Auch beim Thema Frauen sind die Grenzen zwischen den beiden abgesteckt. Simon ist auf «safe» mit Sandrine (ausgesprochen Sondriin) zusammen und Svenni mit seiner Marilu.

Aber auch die innigsten Beziehungen zwischen zwei jungen Heranwachsenden haben Grenzen. Beim gegenseitigen Eincremen im Freibad wurde ihre Freundschaft hart auf die Probe gestellt.

Kennen sich aus dem Bus

Wingman beim Playstation spielen

Cremen sich mit Fäusten gegenseitig ein

Flaschendrehen immer bei Simon im Keller

Simon ist mit Sandrine zusammen

Svenni und die Frauen!

So jung und schon so viele Eindrücke.

Tabea – das Pferdemädchen

First cut is the deepest. Trifft auf jeden Fall nicht auf Svenni und Tabea zu. Obwohl sie gemeinsam viel erreicht hatten (Stopptanz-Finale Schulfasching zum Song von Avicii), war Svenni in ihrer Beziehung immer nur die Nummer 2 für Tabea gewesen. Dieses Mädchen lebt den Reitsport wie kein anderes.

Krümel – die
Seelenverwandte

Joelle Gerber –
das Trostpflaster

Tabea –
das Pferdemädchen

Luisa – die
Erziehungsbeauftragte

Toske – der
Après-Ski-Flirt

Baja –
die Tänzerin

Frau Pahlke –
die T.I.L.F. (Teacher
I'd Like to ****)

Marilu – die
Weltverbesserin

Immer Reithosen und Reitstiefel an, überall Pferdesticker in ihrem Zimmer, und auf ihrer *My Horse*-App hat sie sogar ganze vier Pferde. Wäre Svenni ein Pferd, wäre es zwischen den beiden etwas für die Ewigkeit gewesen, so aber hat sie mit unserem armen Svenni eiskalt im Bus per WhatsApp Schluss gemacht.

Joelle Gerber – das Trostpflaster

Nach der herzlosen Trennung von Tabea saß die ahnungslose Joelle Gerber durch eine von Svenni geschickt manipulierte Runde Flaschendrehen direkt auf seinem Schoss. Am Ende wurde daraus ein heißer Kuss, der seinen Liebeskummer zumindest für den Moment dämpfte.

Frau Pahlke – die T.I.L.F. (Teacher I'd Like to ****)

Ehemals Klassen- und Kunstlehrerin von Svenni und seine heimliche Tagtraum-Phantasie. Die Schwärmerei ging sogar so weit, dass Svenni sich ein Fakeprofil auf Facebook erstellt und sich als Erdkundelehrer aus Dessau ausgegeben hat, um ihre aktuellen Bilder und den Status stalken zu können. Dank dem französischen Staatspräsidenten Macron hat Svenni Hoffnung, dass es zwischen ihnen beiden doch noch was werden könnte.

Raja – die Tänzerin

Zwischen ihr und Svenni hat es bei den Tanzproben während der Musical-Schulaufführung ordentlich geknistert. Zumindest Svenni entwickelte für einige Zeit eine regelrechte Obsession. Doch aufgrund des Altersunterschiedes von zwei Jahren (sie war 14) blieb Raja für Svenni dann nur eine abendliche Einschlaf-Phantasie.

Luisa – die Erziehungsbeauftragte

Mit Luisa hatte Svenni ein richtiges Powermädchen an seiner Seite: Klassensprecherin Jahrgang 7 c, überzeugte Vegetarierin und *Peta*-Mitglied. Sie weiß, was sie will, und glaubte vor allem zu wissen, was Svenni will. Sie hatte und behielt während ihrer Beziehung die Hosen an. Bianca fand es klasse, denn aus der anfänglichen Eifersucht zwischen den beiden erwuchs eine Erziehungskooperation auf Augenhöhe. Doch auch bei Luisa nahm die ganze Liebeskiste kein gutes Ende: Sie brannte ausgerechnet mit einem Kumpel von Svennis Peiniger Jeremy Fischer durch.

Toske – der Après-Ski-Flirt

Mit Toske aus den Niederlanden hatte Svenni nur einen kurzen Flirt im Ski-Lift während der Ferien. Wie bei fast allen Mädchen, für die er sich interessierte, war Toske älter als Svenni. Trotzdem war es für Svenni 'ne geile Härte, mit ihr und der Clique abzuhängen. Mehr ist nicht draus geworden.

Krümel – die Seelenverwandte

Kennengelernt haben sich die beiden im Sommerlager beim *Dirty Dancing*-Tanzen, wovon es auch veröffentlichtes Filmmaterial auf Facebook gibt. Bei Krümel ging es Svenni mal nicht rein um die Optik (sie ist etwas pummelig), sondern vielmehr um ihre Persönlichkeit. Krümel ist halt ein Großstadtmädchen aus Berlin, ihr Vater ist Türsteher im *Berghain* und mit Til Schweiger per Du, außerdem hat sie einen Tunnel im Ohr und war für ein halbes Jahr in Goa. Es hat sich kein Romantikfeeling zwischen den beiden entwickelt, trotzdem hat sie Svennis Leben positiv bereichert.

Marilu – die Weltverbesserin

Dass zwischen den beiden etwas zustande gekommen ist, war reiner Zufall. Grund dafür war eine verzweifelte Massen-WhatsApp-Einladung am Valentinstag, die Svenni an alle Mädchen aus seinen Kontakten geschickt hat. In Marilu hat Svenni in Sachen Knutschen und Petting seine Meisterin gefunden. Denn obwohl er mit ihr alleine in seinem Zimmer quasi freie Schussbahn hatte, fehlte ihm, im Gegensatz zur erfahreneren Marilu, der letzte Schneid, die ganze Sache einzutüten. Auch in der Beziehung zu Marilu ist Svenni eher der, der keinen Arsch in der Hose hat, seine Interessen wirklich kundzutun. Im Gegenteil. Seit er mit ihr zusammen ist, boykottiert er *Nestlé*, Schleppnetzfischerei, Palmöl und *Monsanto*. Hinzu kommen noch einige modische Stilveränderungen wie das Blondieren der Haare, die Verwendung von Kajal und das Tragen von Hüten.

SVEN FREESE – der FANCHECK

Welches Lieblingsessen hat Sven Freese?

Wie lange sitzt Svenni mindestens einmal
täglich auf dem Klo?

Wie alt war Svenni bei seiner Hodenvermessung?

Welches Tier ist Svenni mal im Zoo auf
dem Kopf gefallen?

Svenni hat eine Malschwäche. Wie lautet der
wissenschaftliche Fachbegriff dafür?

Welches Wort war das erste, das der kleine
Svenni gesprochen hat?

Welches Instrument hat Svenni im
Spielmannszug gespielt?

Mit welcher Arie gelang Svenni im
Musicalcasting der Durchbruch?

Wie heißt Svennis Lehrerin, in die er
heimlich verliebt war?

Wie heißt Svennis bester Freund?

(Auflösung Seite 269)

KAPITEL 10

SCHULE & FERIEN

Im Sommer 2010 ist Svenni eingeschult worden. Bianca Freese stand auf dem Schulhof wie ein altes griechisches Klageweib und hat jeden weinend umarmt, der ihr in die Quere kam.

Nicht das erste Mal, dass sie mit ihrer emotional überbordenden Art ihren Sohn vor anderen Kindern blamiert, ihn «peinlich gemacht» hat.

Wir begleiten Sven im Sommer 2014 und dem damit verbundenen Wechsel auf das Gymnasium. Er kam damals in die Klasse 5b und verliebte sich sofort in seine Klassen- und Kunstlehrerin Gudrun Pahlke. Leider verschreckte er sie häufiger mit seinem brutalen Realismus. Sie fühlte sich außerdem von ihm kontrolliert und hielt ihn für arrogant, wenn er auf dem Schulhof mit «hinterm Rücken verschränkten Armen» hinter ihr herlief.

Die weiteren uns bekannten Lehrkräfte aus Svennis bisheriger Schulzeit:

- HERR PAHLKE, *Sportlehrer,* Nebenbuhler und Ehemann von Gudrun Pahlke
- DR. KAI-UWE SCHORF, *Sport und Latein,* seit 2017 Klassenlehrer
- FRAU MEINHARDT, *Theater und Musik,* Leiterin der Musicalgruppe
- HERR HUBER, *Sportlehrer,* Feind und Gegner in der «Ziegenf****r-Affäre
- HERR LINKE, *pensionierter Lehrer,* Leiter der Maler- und-Lackierer-AG
- HERR NAGEL, *Biologie*
- FRAU DR. ZERBE, *Erdkunde*

- HERR SCHNEIDER, *Erdkunde seit 2017,* schon Biancas Lehrer und bestens bekannt mit Rosi
- MAIK DAUTWITZ, *Russisch,* lange Unterrichtsverbot als «Gefangener der BRD»
- HERMANN DRILL, *Hausmeister*

Fakten, Fakten, Fakten

- Svennis Schule ist eingetragene **SCHULE GEGEN GEWALT** und hat aller Erfahrung nach ein massives Problem auf dem Gebiet.
- Oma zahlt für gute Schulnoten! Aber nur in Hauptfächern und nicht für Tests!
- Die erste Klassenfahrt ging mit der 6b an den Edersee. Bianca war als Betreuerin dabei. Sven war auf dieser Fahrt 9 ½ Stunden mit Tabea zusammen. Netto! Sven war auf der Klassenreise insgesamt dreimal an einem Abend verlobt.
- Sven singt in der 6. Klasse in der Theater-AG der Schule im Musical «Hair», hat dafür beim Casting mit «Nessum Dorma» wider Erwarten alle umgehauen. Pünktlich zur Aufführung kam er in einen kleinen Stimmbruch, und Heiko hat ihn auf der Bühne mit seiner Unterstützung gerettet.
- Die Schülerzeitung heißt «Der Checker». Chefredakteurin ist Kira Pahlke, Tochter seiner Lehrerin. Der größte Scoop der Zeitungsgeschichte waren die sogenannten Pizza Papers. Es fing mit Luftaufnahmen von einem Smart der Firma *Pizza Joe* an, der mittags hinter dem Lehrerzimmer geparkt hatte. Journalisten vom Checker und der Video-AG haben von einer Reinigungskraft über 40 belastende Pizzakartons und diverse Lieferscheine

aufgekauft, die in einem Papierkorb aufgetaucht sind. Und die Schüler mussten in der Schulkantine Allgäuer Käsespätzle in Backsteinform essen! Später hat Bendix Strempel ein Foto von Herrn Pahlke geschossen, wie er hinter der Turnhalle raucht und gegen die Büsche pinkelt.

- 2017 hatte Sven Freese von Oma ein Attest wg. Lösungsmittelunverträglichkeit ausgestellt bekommen und 62 Stunden Kunst geschwänzt. Trotzdem Zeugnis mit sieben Einsen!
- Ende Oktober 2017 kam es zum Schüleraustausch in Russland am Baikalsee Irkutsk/Sibirien. Austauschschüler war Wlado (Wladislaw). Mutter Mathelehrerin, Vater Oligarch.
- Beim Fitnesstest 2018 kam heraus: Sven Freese hat die Fitness einer sechzigjährigen Frau!

Erst wenn sich die letzte Tapete von der Wand abrollt, wenn die letzte zusammengepfuschte Verteiler-Steckdose Flammen wirft und der letzte Do-it-yourself-Zimmermann mit Youtube-Examen von der Leiter fällt, werdet ihr feststellen, dass ein Nachbar mit Bachelor in Environmental and Resource Management auch keine Hilfe ist, wenn dat Scheißhaus verstopft ist!

ROSI

Wir sind die Freeses

– Sommerfest

(Oma und Mama Bianca schlendern über den mit Menschen gefüllten Schulhof)

Oma: Leg doch mal das Handy wech!

Mama: Nee, warte mal. Ich schalte mal meine Rufnummern-übertragung aus, mal sehen, ob er jetzt rangeht.

Durch das Handy hört man die Stimme von Sven Freese.

Sven: Hier ist Chuck Freese, was geht?

Mama: Svenni, bist du das?

Sven: Wieso? Was?

Mama: Dreimal hast du mich weggedrückt, aber nicht mit mir, Freundchen! Wir stehen hier vor der Pausenhalle. Wo bist du?

Sie schaut sich um.

Mama: Ah! Jetzt seh ich dich.

Sven: Aber, aber, aber – was macht ihr denn hier?

Mama: Das Sommerfest ist nämlich doch mit Eltern, nä? Na warte mal, wir kommen gleich mal rüber!

Sie beendet das Telefonat. Auftritt von Frau Pahlke.

Pahlke: Die Familie Freese! Da sind Sie ja doch noch gekommen?

Mama: Hallo Frau Pahlke! Mutti, das ist Svennis Lehrerin!

Pahlke: Schön, dass Sie doch noch rechtzeitig alle wieder gesund geworden sind.

Mama: Äh? Wie? Also, ein Glück ... ja ... das ... äh ...

Pahlke: Nein, Sven hatte das erzählt, in Ihrer Familie scheint es ja viel Magen-Darm-Probleme zu geben, ich kann Ihnen da mal einen Osteopathen empfehlen.

Mama: Ja? Ach was!

Pahlke: Der drückt Ihnen das sozusagen weg!

Oma: Wie? Wohin?

Die Mutter von Sandrine, Kati Möllring, kommt dazu.

Kati: Hallo Bianca, soll ich dir den Kuchen abnehmen fürs Buffet? Oder hattest du dich beim Grillen eingetragen?

Mama: Du äh – wir ham unsern Kuchen schon hingestellt gehabt.

Oma: Wat redest du? Welcher Kuchen???

Mama: Mutti, bitte!!! Äh, Kati, Süße, unser Kuchen ist wohl schon alle.

Kati: Ja?

Mama: So ein schönes Sommerfest, nech?

Auftritt Sven Freese.

Mama: Hallo Svenni. Gut, dass du uns gesagt hast, DASS WIR KUCHEN MITBRINGEN SOLLEN!!!!!

Sven: Oh, hallo Mamilein!

Pahlke: Frau Freese, eine Frage noch unter uns: Haben Sie schon überwiesen? Bitte denken Sie dran!

Mama: Wie, äh?

Pahlke: Sie können auch Mittel über den Schulverein zur Verfügung gestellt bekommen für die Fahrt an den Edersee, falls es mal ein bisschen knapp ist.

Mama: Ja …!? Wie? Edersee?

Pahlke: Oder hat Sven Ihnen gar nichts erzählt?

Mama: Natürlich! 'türlich hat er!!! Wir sitzen so viel alle zusammen abends zu Hause und dann reden wir beim Abendbrot, wenn wir zusammen am Tisch sitzen. Machen

den Fernseher einfach aus! Handys wech! Und dann drauf-
los: Spieleabend und Gespräche!!! Und ... und ... und – da
gab's ja so'n Zettel, nech Svenni???

Sven: Du Mama, wir fahren an Edersee!

Mama: Ja, nein, weiß ich doch. Das weiß ich doch. Frau
Pahlke ...

Pahlke: Jetzt, wo feststeht, dass er doch noch versetzt wird ...

Mama: Wie? Was???

Pahlke: Durch unseren Tag der offenen Tür, wo Sie ja leider
krank waren und er als Elvis aufgetreten ist, konnte er ja
mit der Zwei in Musik die Fünfen in Religion und Kunst
ausgleichen. Toll.

Mama: Was???

Pahlke: Ja, er sollte ja ein Bild zum Thema «Ostern» machen,
das war ein mehrwöchiges Projekt.

Mama: Aha ja ...

Pahlke: Und da hatte er nur rotes Krickelkrakel abgegeben.
Also, man konnte nichts erkennen und er meinte, sein Bild
heißt «Der Osterhase beißt die Hühner tot»!

Mama: Aber wieso ...!?

Pahlke: Na, damit er an die Eier kommt, na ja. Jetzt wünsch
ich Ihnen aber noch viel Spaß, wir sehen uns später beim
Grillen.

Oma: Ja, Bianca! Seit jeher gilt: Schul-Sommerfest ist «Tag der
Wahrheit» ...

Mama: Können wir nicht einmal wie 'ne normale Familie sein?

Oma: Ja, Kommunikation ist so wichtig heute!

228

Bild von Sven Freese: «Der Osterhase beißt die Hühner tot!»
(Note Sechs)

Zeugnispreise Stand 01/2015

	Haben	*Soll*
1	10 Euro	–
2	5 Euro	–
3	–	–
4	–	–
5	–	Omas Acryl-Badewanne mit dem Schmutzradierer sauber machen
6	–	Außertariflich

Die Noten 5 und 6 werden bei Legasthenie, Dyskalkulie und Pingasthenie* nicht sanktioniert.

*Anerkannte Unfähigkeit zum Malen/Basteln

Sven Freeses Girls' Day-Stationen

- 2014 Menk & Bode
- 2015 Vermögensberatung Ernst & Young
- 2016 Finanzamt
- 2017 Friseursalon
- 2018 Taxi Freese

Bargeld lacht

Mitbringsel für die Mitschüler an Geburtstagen können direkt ins Gefängnis führen.

Die beste 100 Prozent glutenfreie und antiallergene Alternative ist Bargeld. Hier die aktuellen Sätze:

- **Bis einschl. Klasse 4:** 50 Cent pro Mitschüler, Lehrkörper 70 Cent
- **Unterstufe:** Ein Euro pro Mitschüler, Lehrkörper 1,20 Euro

- **Mittelstufe:** Zwei Euro pro Mitschüler, Lehrkörper 2,40 Euro

Zweifelhafte Angebote!

Bei folgenden Angeboten zu den sogenannten Projekttagen in der Schule sollte man stutzig werden und ggf. Rücksprache mit dem Elternrat halten. Auszug aus dem Aushang am Schwarzen Brett:

Unterwegs mit den Müll-Piraten!

Ihr werdet zwei Tage durch unseren Hausmeister Herrn Drill in Wertstoffkunde geschult und macht euch gemeinsam auf die Suche nach Schätzen in der Berberitzenhecke und hinter der Turnhalle sowie überall, wo was rumliegt.

- Für die Jahrgänge 5–7.
- Mit Müllpiraten-Diplom
- Anmeldung in der Hausmeisterloge

Wir bauen ein Klo!

Wie trägt man Fliesenkleber vom Lieferwagen in den zweiten Stock auf das WC neben dem Biologieraum? Wie rührt man ihn an? In diesem Schüler-Eltern-Projekt lernt ihr unter Anleitung von unserem Hausmeister Herrn Drill alles über Sanitärinstallation und Trockenbau.

- Für die Jahrgänge 10–12
- Anmeldung in der Hausmeisterloge

WER WILL FLEISSIGE STEINMETZE SEHEN?

Wie pflastert man einen Schulhof? Wie malt man die Linien auf dem Lehrerparkplatz nach?
Wisst ihr nicht? Lernt ihr schon! Alle Infos bei unserem Hausmeister Herrn Drill!

• Anmeldung in der Hausmeisterloge

Unser Lehrerzimmer soll bunter werden

Schüler, die bereits in der Mal-und-Lackierer-AG von Herrn Linke Erfahrungen gesammelt haben, werden bevorzugt behandelt.

• Anmeldung in der Hausmeisterloge

Blasphemie!

Immer wieder eckt Sven Freese, besonders in Religion und Kunst, mit seinen provokanten Interpretationen an.

Sehr geehrte Frau Pahlke,
bezugnehmend auf unser Zeugnisgespräch und die Note Fünf in Religion für meinen Sohn Sven möchte ich hiermit das Einschalten eines Rechtsanwaltes ankündigen. Die Aussage meines Sohnes, dass der «liebe Gott» Brustwarzen haben müsse, ist nach eingängiger Recherche auf *Wikipedia* und anderen seriösen Quellen (*Google*!) nicht zu widerlegen.

Auf der durch die Schüler zu beurteilenden Abbildung des biblischen Sündenfalls ist eindeutig zu erkennen, dass Adam einen Bauchnabel hat. Demzufolge hat Gott auch einen Bauchnabel, sofern wir uns der Einschätzung anschließen, dass er den Menschen nach seinem Ebenbild geschaffen hat. Deshalb ist die Vermutung, dass er über Brustwarzen verfügt, nicht abwegig, geschweige denn blasphemisch.

Hinzu kommt, dass das Blatt in der Abbildung, das die Scham verdecken soll, kein Feigenblatt ist, sondern eindeutig von einer Zimmerlinde stammt, das sagt auch meine Freundin Carola, die selber Pflanzen im Wintergarten hat. Eine Feige wäre fünfgliedrig.

Ich fasse zusammen: Auf Ihrem Schulmaterial haben Adam und Eva Bauchnabel und hängen sich abgerissene Zimmerlinden vorne-unten vor, aber wenn mein Sohn die Wahrheit sagt, dass der liebe Gott Brustwarzen hat, kriegt er 'ne Fünf!

Sie hören abermals von unserem Anwalt.

Mit freundlichen Grüßen
Bianca Freese

Strafarbeit in der Schule

Karoline (13) fragt: «*Meine Lehrerin hat mir eine Strafarbeit aufgebrummt, weil ich eine offene Kakaotüte gegen das Smartboard geworfen habe. Darf die das?*»

Liebe Karoline,

wir können deinen Ärger gut verstehen. Es kommt in deinem Fall jedoch auf die Art der Strafarbeit an. Wenn du ein Gedicht auswendig lernen sollst, ham sie dich am Arsch. Anders sieht es jedoch im Fall des Sven F. aus, der durch seinen Lehrer zum Unkrautzupfen im Schulgarten und Moos-aus-den-Plattenritzen-Holen gezwungen wurde. Was war geschehen?

Sven F. hat sich im Sportunterricht zwei Gymnastikbälle unter das T-Shirt geschoben und unter großem Gelächter «Busen» gespielt. Ein Klassiker des Knabenhumors! Eine Entscheidung des Europäischen Gerichtshofs über die Rechtmäßigkeit dieser Anordnung steht noch aus. Experten sind sich aber sicher, dass man im Sinne des vierzehnjährigen Klägers entscheiden wird, der sich auf die im GG garantierte Menschenwürde und körperliche Unversehrtheit beruft. Völlig anders sieht die Sache jedoch aus, sobald das Unkrautzupfen und Moos-aus-den-Plattenritzen-Holen nicht als Strafdienst erfolgen soll, sondern im Rahmen einer verbindlichen Teilnahme an den Schulprojekttagen, die Naturerfahrung vermitteln sollen. Auch dann ham sie dich am Arsch.

Nichts für ungut, deine Bianca

Zeugnismotivation

Kerstin aus Schafstedt fragt: *«Oma Rosi, hast du einen Tipp, wie ich meine Kinder zu besseren Schulleistungen motivieren kann?»*

Liebe Kerstin,

ja, da hab gleich zwei Tipps: Bargeld und Erpressung!!!
Und falls ihr wirklich davon ausgeht, dass die beste Belohnung für gute Leistungen die Aussicht auf eine Chance auf einem globalisierten Arbeitsmarkt ist, weil dann alle Türen offen stehen – Bullshit! Am Ende macht ihr die meisten Türen doch wieder zu.

Die Wahrheit ist: Eltern schicken dich heutzutage mit zwei Jahren zur musikalischen Früherziehung, aber wenn der Nachwuchs mit 18 DJ werden will, flippen sie aus! Deswegen richte ich mich – frei nach Braveheart – nun direkt an alle Schüler von Norddeutschland:

Ihr Schüler von Norddeutschland!
Ich sehe hier 'n Haufen Kids, die für die Träume ihrer Eltern schon mit drei Jahren nach'm Fechten noch zur Spanisch-AG gehen! Ihr sollt Landessieger im Börsenspiel werden und müsst mit den Greta-Theresas und Leanders dieser Welt spielen, weil eure Mütter sich was davon versprechen! Aber drüber nachdenken, ob ihr die überhaupt mögt, könnt ihr gar nicht, weil ihr nicht einmal 'ne halbe Stunde am Tag allein sein dürft. Am Ende habt ihr viel gelernt und nix begriffen!

Und wenn ihr dann in vielen Jahren sterbend auf euerm Bett liegt als «Head of managing Arschgesicht» – wäret ihr dann

nicht bereit, jede Stunde einzutauschen, um einmal nur – ein
einziges Mal nur! – zu «Tarzanboy» hinten auf'm Autoscoo-
terwagen zu stehen und 'ner heißen Mieze ins Lenkrad zu
greifen und euern Eltern zuzurufen: Ihr mögt uns unsere
Kindheit nehmen, aber niemals unsere Träume ...!!!

In diesem Sinne: Viva la revolución!
Eure Rosi

Schulferien
– *die Familienurlaube*

Ferien mit den Freeses! Es ist doch die schönste Zeit des Jah-
res, der Urlaub! Auch für Familie Freese ist es die Zeit, um mal
die Seele baumeln zu lassen und sich vom stressigen Alltag
zu erholen. Ihr kleines Urlaubsparadies haben Rosi, Bianca
und Svenni schon lange für sich gefunden: Mallorca! Aber die
Freeses wollen offen für Neues bleiben und probieren deshalb
auch gerne andere Urlaubsarten und -orte aus. Hier die *Holi-
daycheck*-Bewertungen der Familie:

Frankreich
Eine Woche an der französischen Atlantikküste: Nur Steine am
Strand, und die Einheimischen haben die ganze Zeit Seeigel ge-
gessen.
Fazit: **

Center Parcs Bispinger Heide
Jeden Tag Chaos im Frühstücksraum, krakeelende Rotzlöffel,
hypernervöse Mütter, und überall wird auf irgendwelchen

Trampolins rumgehüpft … Da hätte man auch zu Hause bleiben können. (Anm. v. Svenni: Die Pfannkuchen zum Frühstück waren die geilste Härte!)

Fazit: ***

Kreuzfahrt

Ein Geschenk von Oma Rosi zu Biancas 40. Auf der «Costa Magica» ging es 12 Tage ab Frankreich über Portugal und Marokko bis nach Italien. Es gab immer schön zu essen – also überall und ständig –, eine Affäre zwischen Rosi und dem Schiffsarzt, der sich später als *Interpol*-Kommissar entpuppte, Sven und Heiko legten einem diebischen Affen das Handwerk, und Bernhard bat Bianca nach ihrem ersten richtigen Krach, sich mit ihm zu verloben.

Fazit: War alles dabei ****

Skiurlaub

Eine Woche Tirol zusammen mit Bernhard, den Gegenschwiegern Margot und Erich und Snäcki. Schön war's gewesen! Rosi und Bianca hangelten sich von Hütte zu Hütte, um ihr Germknödel-Apérol-Sprizz-Gleichgewicht zu halten, während der Junior sich mit holländischen Snowboardern in Shisha Bars amüsierte und Bernhard mit seinen Eltern Schneeschuhwanderungen unternahm. Ein Traum!

Fazit: ****

Wohnmobilurlaub

14 Tage Müritz mit dem neuen Wohnmobil, das Snäcki sich zum Geburtstag gegönnt hatte. Oma musste fahren, weil sie als Einzige einen Lkw-Führerschein hat. Eigentlich ein schöner Urlaub, da das 1,2 Mio. Euro teure Edel-Wohnmobil doch über

einige Annehmlichkeiten mehr verfügte als gewöhnliche Campingmobile.

Fazit: ****

Cala Ratjada

Seit 12 Jahren das Stammurlaubsdomizil der Familie. Auch wenn sie mal was anderes ausprobieren: Irgendwie landen sie doch jedes Jahr immer mal wieder für mindestens eine Woche hier. Gigantische Supermärkte, in denen man auch mal Regisseur Dieter Wedel beim Manchegokaufen sieht; der Strand als Schmelztiegel der Kulturen, an dem man die seltsamsten Menschen beobachten kann. Bei Manolo von der *Chips-Bar* hat Rosi ihr Paralleluniversum zur *Eule*, Bianca verwandelt sich auf Cala Ratjada in die berüchtigte «Beach-Bibi», die auf der Club-Bühne mit Taucherflossen den Ententanz-Wettbewerb gewinnt oder barfuß mit dem Mietwagen in den Supermarkt fährt.

Fazit: ******

Keine Angst vorm Überseeflug

Viele Familien schrecken vor Fernreisen wie zum Beispiel nach Südostasien zurück. Dabei kann man sich mit einem einfachen Hausmittel auf die Flugstrapazen vorbereiten.

Die Challenge

18-Stunden-Flug nach Kuala Lumpur auf Mittelplatz – Duty-free-Tüte und Rucksack zwischen den Beinen – Laptop auf dem Schoß – Riesentüte Käsebälle – Snacktablett – zwei Colabecher – Kaffeebecher – Milchpöttchen – Umblättern beim Zeitungslesen mit dem Bewegungsradius eines T-Rex, der eine Banane schält.

Die Vorbereitung

Für 24 Stunden stramm in Umzugsfolie einwickeln lassen.

Raststätten und die Penis-Wasserhahn-Rekursion

Mit der Penis-Wasserhahn-Rekursion bei Einhebel-Mischbatterien bezeichnet Heiko Postel das Phänomen der Unfähigkeit, mit sauberen Händen von einer Autobahnraststättentoilette zu kommen.

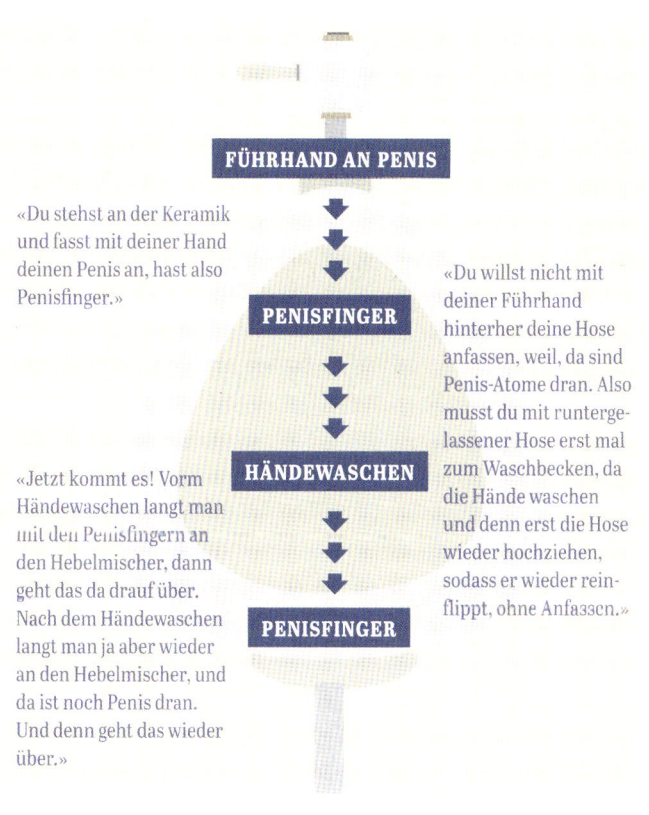

FÜHRHAND AN PENIS

«Du stehst an der Keramik und fasst mit deiner Hand deinen Penis an, hast also Penisfinger.»

PENISFINGER

«Du willst nicht mit deiner Führhand hinterher deine Hose anfassen, weil, da sind Penis-Atome dran. Also musst du mit runtergelassener Hose erst mal zum Waschbecken, da die Hände waschen und denn erst die Hose wieder hochziehen, sodass er wieder reinflippt, ohne Anfassen.»

HÄNDEWASCHEN

«Jetzt kommt es! Vorm Händewaschen langt man mit den Penisfingern an den Hebelmischer, dann geht das da drauf über. Nach dem Händewaschen langt man ja aber wieder an den Hebelmischer, und da ist noch Penis dran. Und denn geht das wieder über.»

PENISFINGER

OMA ROSIS HAUSHALTS-TIPP:

«Hängen Sie stets eine Würstchenzange
neben das Urinal»

SCHULE & FERIEN – der FANCHECK

Wogegen setzt sich Svennis Schule ein?

Wie heißt sein aktueller Klassenlehrer?

*Wie viel Geld gibt es nach der 2015er-Tabelle
für eine Eins im Zeugnis?*

*Wo befindet sich das Sommer-Hauptdomizil
der Freeses auf Malle?*

*Wie heißt das Motto des Schulprojekts zur
Pflasterung des Schulhofs?*

Wie teuer war Snäckis Wohnmobil?

Wie heißt die Schülerzeitung an Svennis Schule?

Wohin ging Svennis Klassenfahrt?

*Wo hat Svenni keinen Girls' Day verbracht?
Menk & Bode, Friseursalon oder Heipo Solution?*

Wie heißt Omas Lieblingskneipe in Cala Ratjada?

(Auflösung Seite 269)

KAPITEL 11

HEIKO POSTEL

NAME: Heiko Postel

GEBOREN: 6. Juli 1976

STERNZEICHEN: Krebs

KÖRPERGRÖSSE: 178 cm

GEWICHT: 90 kg (Muskeln sind schwerer als Fett, deshalb)

HAARFARBE: H. P. Baxxter-Blond

GESCHWISTER: 1 Bruder, Harpo Postel

FAMILIENSTAND: Ledig und stolz darauf! Habe aber eine Freundin, die heißt Yvette und ist Model.

KINDER: Offiziell nein! (Ich war aber 1999 mal als Flöten-Schlumpf ungeschützt im Kölner Karneval aktiv)

HAUSTIERE: Keine Zeit

HOBBYS: Auto, Squash, diskutieren mit der Netzgemeinde, Mini-Golf, Rudern (habe die *Frank-Underwood*-Ruder-maschine!), Malbücher für Erwachsene (insgesamt wenig Zeit für Hobbys, weil ich dauernd Familie Freese in ihrem Alltag unterstützen muss.)

MUSIK: NDR2-Musik und Scooter

BERUF: CEO der Firma HEIPO Solutions Keramik-Con-tainerverplombung

SCHWARM: HP Baxxter

LIEBLINGSESSEN: Gyros-Pizza mit Sauce hollandaise

TELEFON: 1 Business-Handy und 1 privates

ICH BIN: hart & zart, nachdenklich & albern, schwarz & weiß, Himmel & Hölle, Dortmund & Bayern, Pepsi & Coke, Bille & Zottel ... – und voll okay!

Heiko Postel

– der Hausbesuch

Heiko Postel ist in seinem Kellerabteil und sortiert neue Geräteverpackungen in die Regale. Der leere Karton seiner neuesten *Alexa*-Sprachassistentin findet einen Platz neben den vielen leeren Handykartons. Sein ganzer Stolz jedoch ist der Karton seines gewaltigen UHD-Fernsehers, der mit der Fotoabbildung des Gerätes, die vom Original kaum zu unterscheiden sei, wie mir der Besitzer versichert. Seit der allerersten Ausstrahlung der Hörfunkreihe wissen wir von dieser merkwürdigen Sammelmarotte.

Es ist Mittwoch, und eigentlich hatte ich gehofft, Heiko Postel würde sich wie üblich zum Squash aufmachen. Da er keinen Partner hat, trainiert er alleine. Eigentlich. Als er gehört hat, dass der Mann vom NDR vorbeikommt, hat er seine Pläne geändert. Hartnäckig bringt er sich seit fünf Jahren vor unserem Team in Stellung. Ungefragt. Dass wir eigentlich nur die Familie Freese dokumentieren, interessiert ihn nicht. Und irgendwie hat er es ja auch geschafft, dass wir ihm in diesem Buch ein Kapitel schenken und ich mich hier und jetzt mit ihm verabredet habe.

Wir gehen gemeinsam über die Kellertreppe ins Erdgeschoss. Durch die geschlossene Tür hört man, wie sich die Familie Freese beim Nachmittagskaffee über nicht rechtzeitig nachgelegtes Toilettenpapier streitet. Postel zuckt kurz, und ich muss ihn am Arm festhalten und daran hindern, sich mit einem lauten «Moin Loide» am Gespräch zu beteiligen. Er lässt ab, und wir gehen gemeinsam die Treppe hinauf zu seiner Einliegerwohnung. Oben angekommen, öffnet er die Tür, und sofort springt einem der überdimensionale Flachbildfernseher ins Auge, den sein Auszubildender Devin schwenkbar an der Wand angebracht hat. «Moin Alexa», ruft Postel und wirft die Schlüssel auf den Küchentresen. «Spiel Scooter!» Nach einigen Augenblicken erklingt die Techno-Ballade «Break it Up».

Postel holt zwei Energydrinks aus dem Küchenschrank und schenkt uns zwei Gläser voll. Die Videoüberwachung sämtlicher Wohnbereiche beschert mir ein unangenehmes Gefühl. Das Getränk schmeckt furchtbar und ist lauwarm. Ich frage nach Eis, und sofort stimmt er ein und singt «Eis Eis Baby», während er im Kühlfach nach einem Beutel Crushed Ice greift. Er kann nicht anders. Postel leidet seit Geburt an einem tourettehaften sogenannten affektiven Assoziationszwang, der verhindert, dass er Begriffe wie Caffè *Latte* oder Fahrrad*ständer* unkommentiert stehen lassen kann.

Seit 2006 wohnt Postel im Haus der Freeses. Ein erfolgreicher Geschäftsmann wie er könnte ohne weiteres in einem eigenen großen Haus wohnen. Sein Unternehmen *Heipo Solutions* setzt im Jahr 320 Millionen US-Dollar mit der Keramikverplombung von Frachtcontainern um. Während der Schulzeit konnte er sein geschäftliches Talent noch nicht zum Tragen bringen: In der Mittelstufe hat er eine Klasse «nach unten» übersprungen, wie er sagt, und nach der Wiederholung der achten die Schule ohne Abschluss verlassen. Nichts, wofür er sich schämt. In seiner Familie ist er zwar der Einzige ohne Abitur. Aber er hat am meisten Kohle.

1994 war Postel fertig mit der Bundeswehr. Zwei Jahre Zeitsoldat, danach verweigert. Während seiner Ausbildung hat er als freier Mitarbeiter in einer «Spenderbank» gejobbt und ist «bei der Arbeit» mehrfach ohnmächtig geworden. Aber das ist lange her. Heute ist die kleine Einliegerwohnung im Hause der Freeses gleichzeitig seine Firmenzentrale. Der familiäre Anschluss scheint ihm wichtig zu sein. Und wenn Geschäftspartner aus Übersee zu Besuch sind, er Svenni und dessen Kumpel als *Playstation*-Spieler engagiert hat und alle begeistert ein spannendes E-Sport-Fußballmatch auf dem Fernseher anschauen, dann kommt für ihn beides zusammen: Beruf und Familie!

Der Kontakt zur Familie ist ihm wichtig. Hier kann er sich (unaufgefordert) einbringen. Die schönste Bestätigung für ihn ist es, seinen schweren *Makita*-Bohrhammer-Koffer ins Erdgeschoss zu tragen und den Frauen und dem Kleinen da unten mal wieder vier gewaltige Löcher in die Wand zu dübeln, weil ein Poster in Svennis Zimmer aufgehängt werden soll. Die glänzenden Augen der Familie sind dann wie eine Liebkosung. Als kleine Gegenleistung ist es dann doch selbstverständlich, wenn er sich das Kind mal ausleiht, um auf einer Detlev-D!-Soost-Autogrammstunde oder einem Ross-Anthony-Konzert als einziger Erwachsener nicht ganz so dumm dazustehen. Das Original-Soost-Fitnesstrampolin steht etwas verwaist in der Ecke des Raumes.

Postel ist ganz vernarrt in Prominente und legt es immer wieder drauf an, auch mit Hilfe seines Geldes, in deren Nähe zu kommen. Doch er selbst war ebenfalls schon Medienstar. Zwei Tage lang war er in Vorabendmagazinen wie «Brisant», «Das! zappt» und dem «heute-journal» als sogenanntes Schwenkfutter zu sehen, als sein Kumpel vor laufenden Kameras den Weihnachtsbaum für das Kanzleramt gefällt hat. Und dann kam es zu dem berühmten Feueralarm im Hotel *Hilton* Berlin. Heiko saß während der Sirene beim Hotelfriseur. Als Iris Berben interviewt wurde, ebenfalls bei «Brisant», stand er mit Strähnchenfolie im Hintergrund – unverpixelt! Abfotografierte Fernsehbilder davon hängen auf hochglänzenden Alu-Dibond-Platten im ganzen Wohnzimmer.

Auf dem kleinen Glastisch davor liegen ein paar Manuskriptseiten zu einem Spielfilm über sein Leben. Für die Rolle der Yvette, seiner knapp zwanzigjährigen Lebensgefährtin, könne er sich Taylor Swift vorstellen. Hannelore Hoger als Rosi. Und Dolph Lundgren für sich selbst. Sein Idol. Das einzige Vorbild, das er neben dem Drago-Darsteller aus den «Rocky»-Filmen hat, ist Florian Silbereisen – wegen der vielen Stunts in seiner Volksmusik-Show der härteste Mann der Welt.

Auf einem kleinen Zettel neben den Drehbuchentwürfen ist hastig notiert: «Show-Idee Promi-Bocken. RTL anrufen!!!» – der Mann ist rastlos.

Trotz all seines Erfolgs ist Postel kulinarisch auf dem Boden geblieben. Er isst für sein Leben gerne Gyrospizza mit «Hollondeese»-Soße und hat immer ein paar Tiefkühlexemplare im Froster. Heute steht auf dem Herd noch ein Topf mit kalten Dosenravioli. Im Vorbeigehen gabelt er sich immer wieder eine der bereits angetrockneten Teigtaschen in den Mund. «Probier mal – is geil!» Sein Magen halte so etwas aus. Nur beim Gluckern der Heizung bekomme er Durchfall, betont er.

Postel ist vermögend und zeigt es gerne. Sein aktuelles BMW-Modell hat er, als wäre er ein gesponserter Promi, großflächig mit Folie beschriften lassen. «Heiko Postel fährt den neuen 5er!» Eine gewisse Ausnahmestellung verschafft er sich u.a. auch mit einem Großpaket Toilettenpapier und einem Wischmob, die er im Kofferraum mitführt und bei Bedarf vor den Eingangsbereich öffentlicher Herrentoiletten abstellt, um weitere Gäste wegen einer vermeintlichen Putzkraft auf dem Lokus von der Benutzung desselben abzuschrecken. Dann hat er seine Ruhe.

Ich werde aus meinen Gedanken gerissen, als ich merke, dass Postel weint. Verschämt wischt er sich eine Träne aus den Augen. Immer wieder erwischt es ihn, wenn die abgespielte Scooter-Ballade ihren emotionalen Höhepunkt erreicht.

Er nimmt mich gar nicht wahr. Schweigend sitzen wir noch eine Weile zusammen auf seinem Sofa. Von unten hört man dumpf, wie Bianca ihren Jungen anschreit.

Die Einsamkeit, die Heiko Postel kalt umarmt, sobald er in seiner Einliegerwohnung sitzt, ist plötzlich schmerzlich spürbar.

Einer der größten Unterschiede zwischen Männern und Frauen liegt in der Verherrlichung des Stuhlgangs.

HEIKO

Wir sind die Freeses
– *Kaputtgeplant*

Sven: Leg doch mal das Handy wech!

Heiko: Nee! Meine Vermessungs-App sagt, der ganze Raum ist schief. Guck ma' her. Dat kann ja wat werden!

Sven: Wir wollen doch nur schnell das Poster aufhängen, ich mach's ja auch alleine, aber ich komm da nicht ran. Und jetzt stehen wir hier schon 'ne Stunde.

Auftritt Bianca. Sie geht staubsaugend im Flur an Svennis Zimmer vorbei.

Mama: Na, ihr zwei Männer, geht's voran?

Heiko: Alles im Griff! Svenni, was hast du denn überhaupt für 'ne Körnung auf der Raufaser?

Sven: Ist doch scheißegal!!! Wir wollen doch nur ...

Heiko: Svenni, Sven ...!

Sven: Heiko!

Heiko: Sven! Weil wenn das 'ne Erfurt mit 'ner 33er-Körnung ist – hör mir zu –, würde ich da ungern mit 'ner Nadel reingehen. Das bricht dir aus, höre. Am besten nimmt man gleich 'ne 52er, das ist der Klassiker.

Sven: Ja.

Heiko: Machen Profis nur noch. Obwohl die machen natürlich auch viel Vlies-Tapete. Aber da sag ich immer: Nimm lieber 'ne 52er mit Latex drauf. Denn bleibt das abwaschbar.

Sven: Ich will doch nur mein Nicki-Minaj-Poster aufhängen!!!!

Heiko: Was ist das denn eigentlich?

Sven zeigt ihm das Poster.

Sven: Das ist Nicki.

Heiko: Oh …

Mama: Na, habt ihr Spaß?

Sven: Mama, komm mal bitte!!!!

Mama: Nee, ich will euch Männer mal gar nicht stören.

Heiko: Nee, Bianca, läuft alles tippitoppi. Zu wann soll das
Poster denn überhaupt hängen?

Sven: Ja, sofort?!

Heiko: Wa? Sofort wollen alle! Pass ma' auf: Ich hau jetzt mal
mit dem Hammer ein Loch in die Wand hier.

Er tut es wirklich, ein großer Krater entsteht.

Sven: Snäcki, aber …

Heiko: Verstehste, was ich mein? Hohlraum!

Sven: Aber, aber …

Heiko: Weil ich dachte, man könnte eventuell das Poster
auf eine MDF-Platte bringen oder auf eine Tischlerplatte.
Obwohl, die ist zu teuer.

Sven: Heiko, bitte.

Heiko: Nee, weißt du was? Die teuren sind Multiplex Birke
18 mm, da spielst du in der Champions League. Aber nee,
Quatsch!

Sven: Was ist denn?

Heiko: Die musst du grundieren, wenn du kleben willst. Denn
musst du schleifen mit 280er.

Sven: Aha.

Heiko: Das musst du bei MDF nicht!

Sven: Ich will ja auch nur mein Nicki-Minaj-Poster …

Heiko: Ja, wenn du's willst, ich kann das schleifen!

Sven: Nein!

Heiko: Ich hab ja alles da! Denn hol ich eben meine *Makita*, das' überhaupt kein Ding, das'n Schwinger! Alles andere wär Quatsch. Weil, ich möchte da ungern mit dem Bandschleifer bei.

Er überlegt.

Heiko: Ich mein, ich hab'n Bandschleifer da. Daran liegt's nicht, das ist ein *DeWalt*! Weißt du was? Wir probieren das mal! Gute Idee! Denn machen wir da vier Hohlraumdübel.

Sven: Okay?

Heiko: Nee jetzt warte mal! Wenn ich da mit einem 8er Stahlbeton reingeh, denn reiß ich dir die ganze Wand weg!!!

Sven: Jetzt lass mich doch einfach mal Tesa ...

Heiko: Ruhe ...!!!!!!!

Er fasst sich an den Kopf. Wirkt angeschlagen.

Heiko: Ahh.

Sven: Was denn?

Heiko: Nee, ich hab Kopfweh. Können wir morgen weitermachen? Mir ist ganz schwummerig. Bei euch muss das aber auch immer alles «mal eben schnell» gehen, nä?

Mama: Macht ihr das Poster nicht ran?

Heiko: Bianca, das wär der reinste Wahnsinn!

Sven: Können wir nicht einmal wie 'ne ganz normale Familie sein???

Mama: Svenni, du bist ja ganz rot?! Sonst legt euch doch beide erst mal hin. Ihr habt ja noch den ganzen Winter Zeit für solche Sachen.

Handwerker sind die neuen Superstars, und wir sind
ihre Groupies, die im Regen vorm Hotel stehen
und sich alles gefallen lassen.

HEIKO, ZUM WARTEN AUF HANDWERKER

– die Fakten

252

Prägende Erlebnisse in seiner Jugend

- Beim Friseur gefragt worden, ob er Junge oder Mädchen ist.
- In der Disco um Mitternacht ausgerufen worden.
- Auf dem Weg zur Eisdiele mit seinem Schwarm Karina Beck hat sich der Hund seines Erzrivalen an ihm festgebockt.
- Er wurde beobachtet, wie er sich an der Tanke mit dem Münzsauger selber Knutschflecke gemacht hat.

Heikos Spitznamen

Laut eigener Erfahrung von Heiko Postel entstehen 78 Prozent der deutschen Spitznamen im deutschen Vereinswesen nach folgender Gleichung:

Umkleidekabine + Kiste Bier
= spontane Kausalzusammenhänge.

So ist Heiko auch zu seinem Haupt-Spitznamen gekommen.

1. Snäcki

Sein Jugend-Fußballtrainer nannte ihn «Schnecke» daraus wurde «Schnecki». Der Mannschaftskapitän hatte allerdings einen ausgeprägten Überbiss, sodass er ihn immer «Snecki» rief. Parallel zu dieser Spitznamen-Genese entwickelte Heiko als Fünfzehnjähriger eine extreme Vorliebe für die damals weit verbreiteten *Heiße-Hexe*-Mikrowellen-Snacks an der örtlichen Tankstelle. Daraus wurde dann «Snäcki», kurzzeitig auch «Hexe» oder als Kürzel «HeiHe».

2. H.P.

Hat er sich selber gegeben, ist schließlich sein Namenskürzel, und nebenbei verehrt er ja auch den Sänger H.P. Baxxter von der Band Scooter und hatte «zufällig» auch mal die Haare so ähnlich.

3. HeiPo

Reiner Business-Spitzname bei guten Kunden und Kollegen in der Containerverplombungs- und Logistik-Branche.

4. *Hareico*-Heiko

Event-Spitzname, weil er bei Nachbarschaftsfesten immer die Würstchen grillt.

Das SDSBC-Prinzip für Containerverplombung

Stecken! **D**rehen! **S**chlagen! **B**olzen! **C**hecken!

HeiPo Solutions

Als Fachmann für Containerverplombung hat Heiko Postel es geschafft, sein Unternehmen zum Global Player in der Logistikbranche zu machen. Obwohl, so richtig viel gemacht hat er dabei selber nicht, es hat sich einfach so entwickelt. Er verplombt Container von Kuala Lumpur bis nach Wladiwostok und setzt dabei komplett auf Keramik-Plomben. Warum? Seeluft! In seiner Firma trägt er soziale Verantwortung für folgende zwei Mitarbeiter:

Devin

Hat ab 2015 seine Ausbildung zum Bürokaufmann bei *HeiPo Solutions* gemacht und wurde danach auch direkt übernommen. Jetzt ist er meistens für Heiko in den Häfen dieser Welt unterwegs und verplombt fleißig nach dem zertifizierten *HeiPo*-SDSBC-Prinzip. Ansonsten hat Snäcki Devin inzwischen in den Buddy-Stand erhoben, und er darf den Firmen-Bully fahren und für Heiko Filme aus dem Internet downloaden. Außerdem wartet er den Postel'schen Entertainmentgeräte-Park.

Sina

Hatte 2016 eine Ausbildung zur Bürokauffrau bei *HeiPo Solutions* begonnen. Sie macht viel Telefon und die Einsatzplanung für Devin und Reisebuchungen und Rechnungswesen und hat einen Hund.

Heiko und die Frauen

Es ist erstaunlich, aber Heiko hatte in seinem Leben bereits die eine oder andere Liebschaft. Die Beziehungen waren zwar nie von Dauer und die Zuneigung auch eher einseitig, aber immerhin ...

Yvette

On-off-Beziehung seit 2016. Geb. 1.3.1994, aufstrebendes Model bei der Agentur *She & Her*, Jobs u.a. Fahrgastfernsehen, Dampfbürsten und Fenstersauger in der Slowakei. Kommt aus Görlitz, kennengelernt auf der CeBit 2016, gehört zur Clique um Jimi Blue Ochsenknecht.

Tatjana Breuer

Mit 12 war da noch dieses Knistern zwischen ihnen, wenn Heiko sie im Freibad untergegluckert hat, mit 13 hat sie ihm dafür plötzlich vor versammelter Mannschaft eine gescheuert und ließ sich von einem Neuntklässler auf dem Mofa nach Hause fahren.

Silke Bultjer

Große Jugendliebe, als er 14 war. Irgendwann traf er sie zufällig nachmittags an der Bushaltestelle, als sie ihm gesagt hatte, sie müsse lernen, und behauptete, die Rose hätte sie sich selber auf dem Jahrmarkt geschossen. Einen Tag später hat sie per Zettel unterm Gepäckträger mit ihm Schluss gemacht. Es mussten sich für sie aber ohnehin alle an Sascha Hehn messen lassen.

Karina Beck

In der 8. Klasse hat er für sie geschwärmt. Er ist noch nicht ganz drüber hinweg.

Dörte Kathmann

Schulliebe, mit der er immer zur Musik von Tracy Chapman rumgemacht hat. Später war man noch gut befreundet.

Biggi Sulzmann

Als Sechzehnjähriger war er mit ihr zusammen und hat ihr unter dem Einfluss von Cola-Pernod heiße Liebesschwüre und «spezielle Wünsche» auf den Anrufbeantworter gehaucht. Er hat Angst, die Anrufbeantworter-Kassette existiert noch …

Beate

Achtunddreißigjährige Hauswirtschafterin in einem Drei-Länder-Jugendcamp in Hinterzarten. Er hatte Strafdienst in der Küche, und sie beugte sich sehr tief über den Suppenkessel, um die Speckwürfel in die Erbsensuppe einzustreuen …

Oma Rosi

Sie sind mal zusammen bei Federweißer und Flammkuchen abgestürzt und auf dem Freese-Sofa aufgewacht, als Bianca und Svenni verreist waren. Silvester 2015 hat Rosi ihn in der *Eule* als tanzende Lederkatze mit Dillhappen gefüttert – da war aber nix, sagt sie …

Der sentimentale Heiko

Auch Heiko hat bei allem Gesabbel und Rumgedröhne eine romantische Ader. Die äußert sich zum Beispiel bei Folgendem ...

1. Heiko weint bei «Break It Up» von Scooter.
2. Er hat immer mal romantische Erlebnisse, zum Beispiel bei einer Karnevalsfeier des Norddeutschen Mittelstandes: Da hat er mit einer Klofrau rumgemacht – sie war aber wirklich Klofrau.
3. Er ist mal aus Liebe zum Mobilfunkanbieter *E-Plus* gewechselt und hatte anderthalb Monate nur zwei Balken Netz.

Heiko und die Stars

Keiner weiß, wie er es macht, aber Heiko Postel ist tatsächlich irgendwie immer dabei, wenn irgendwo Stars und Sternchen Hof halten – und so hat er inzwischen ein beeindruckendes Promi-Portfolio. Hier nur ein Auszug:

Jimi Blue Ochsenknecht

Snäcki gehort tatsächlich zur Entourage, wenn Schauspieler Jimi Blue in Clubs oder bei Events als DJ auflegt. Der Kontakt kam über seine On-off-Freundin und Model Yvette zustande.

Axel Milberg

Er hat ihn mal beim Sommerfest des Bundespräsidenten im Schloss Bellevue kennengelernt. Milberg erzählte ihm damals, dass er auch gerne mal ein schönes Leberwurstbrot isst. Wochen später traf er ihn im *Borchers* in Berlin wieder, da hat der Schauspieler ihn aber nicht mehr wiedererkannt, als Snäcki quer durch den Laden rief: «Da kommt ja die Leberwurst!»

Jan Josef Liefers, Axel Schulz, Uschi Glas,
Christian Lindner, Michael Ballack,
Florian Silbereisen, Stefan Kretzschmar
Hat er alle einmal auf einem Charity-Golf-Turnier getroffen, bei dem Jimi Blue als DJ auflegen wollte, aber nicht durfte.

Dinge, die man sich nicht kaufen kann

Heiko ist ein Mensch, der das Leben genießt, weil er es sich leisten kann. Er lebt für den Moment, hat aber auch recht genaue Vorstellungen, wie sein Leben auszusehen hat. Heiko ist kein Marken-Lemming, er setzt auf Qualität, und die darf seiner Meinung nach auch ihren Preis haben. Umso mehr freut er sich über die kleinen Dinge in seinem Leben, die er erfahren durfte, nur weil das Schicksal sie ihm zugedacht hat. Zum Beispiel:

1. Heiko besiegt Roboter im Pingpong
Geschehen 2018 auf der Hannovermesse. Dort konnte man gegen einen Roboter Pingpong spielen. Sein Geheimnis: «Schnibbelangaben – Die checkt der Roboter nicht!»

2. Eine 35er-Runde beim Minigolf
Heiko hat 1991 bei «Minigolf-Plön» eine 35er-Minigolfrunde gespielt.

3. Perfekter Duschdruck in einem Landgasthof in Wedel

2003 war Heiko beim Spanferkelessen des Dachverbandes der Flüssigfrachtverplomber. Das Hotel war ein bisschen «pekig», aber der Gedanke an den Duschdruck der Kopf- und Rückendüse macht ihm heute noch Gänsehaut.

Man kann Heiko buchen als

1. Fips Asmussen
2. Bachelor
3. beide Geissens

Heiko Postel

 16

An
Klaus Lage
Domstraße 54
50668 Köln

Betr.: An Fasching in die Büsche versteckt

Lieber Herr Lage,

mein Name ist Heiko Postel, und ich bin tätig im Geschäfts-
feld der Container-Verplombung, von daher komme ich
einigermaßen rum in der Welt und gewisse Dinge bleiben
mir nicht verborgen.

Nun zu meinem Anliegen: In Ihrem Lied «Tausendmal
berührt» singen Sie die Textzeile «ERINNERST DU DICH,
WIR HA'M INDIANER GESPIELT, UND UNS AN FASCHING
IN DIE BÜSCHE VERSTECKT?»

Ich frage mich, was Sie da getan haben. Zu einem erotischen Austausch wird es ja sicherlich nicht gekommen
sein, sonst hätten Sie ja in dem besagten Lied nicht gesungen, dass Sie sich mit der Angesprochenen tausendmal
berührt haben und tausendmal sei nix passiert, bis auf das
eine Mal in die Büsche an Fasching (und mein Nachbar sagt,
das ist sowieso falsches Deutsch).

Ich gehe davon aus, dass Sie ungefähr zehn Jahre alt waren,
als Sie sich zum Fasching als Indianer verkleidet haben.

Sie sind Jahrgang 51, steht im Internet, und meine Nachforschungen haben ergeben, dass am Rosenmontag 1961
im Großraum Soltau, wo Sie herkommen, drei Grad Kälte
herrschte.

Ich fasse zusammen: Es macht überhaupt keinen Sinn, sich
im Februar als Indianer oder sonst wie in Büschen bzw.
Büsche zu verstecken, außer man braucht irgendeine be-
kloppte Zeile, die sich auf «doch gar nichts gecheckt» reimt.
Deshalb fordere ich für zukünftige Aufführungen von dies
Lied: Entweder haben Sie sich im Sommer versteckt, oder
wenn es unbedingt Fasching spielen soll, dann mit der
Zeile:

Rosenmontag gab es O-Saft mit Sekt
Was war eigentlich los, wir ham nie was gefühlt
So eng nebenander
Und doch gar nix gecheckt!

Es würde mich freuen, wenn Sie meiner Bitte entsprechen
könnten, und verbleibe mit

freundlichen Grüßen

Ihr Heiko Postel (Fan)

Die Geschichte der Hertie-Tüte

Auf Wunsch eines einzelnen Herrn hier noch einmal die komplette Schtorri der berühmten Knistertüte: Es handelt sich bei der *Hertie*-Tüte um ein Originalprodukt aus dem Jahr 1994, letzter Jahrgang, letzte Auflage, bevor das deutsche Traditionsunternehmen *Hertie* schließen musste. Diese Tüte hat verstärkte Griffe, und alleine die Tatsache, dass diese Plastiktüte auch in Zeiten von Stoffbeuteln und Papiertüten noch immer von Heiko Postel genutzt wird, zeigt, wie qualitativ hochwertig dieses Produkt ist.

Heiko bekam die Tüte, als er im *Hertie*-Räumungsverkauf noch zwei Jersey-Spannbettlaken der Marke *Irisette* gekauft hatte – Spannbettlaken hat er während seiner Bundeswehrzeit sehr schätzen gelernt! Aber zurück zur Tüte ... Diese übernahm schnell die Funktion der offiziellen Heiko-Postel-Fitnesstüte für Feuchtsachen nach dem Sport. In dieser Funktion hat die *Hertie*-Tüte Heiko bei einer Reise ins ägyptische Hurghada begleitet – er erinnert sich so genau, weil er dort damals vom Drei-Meter-Brett gesprungen ist. Dann, 1996, gab es einen Grillabend bei Heikos Freundin Dörte Kathmann, zu dem er selbstgemachten Farmer-Salat mitgebracht hatte. Damit auf dem Weg nix aus der Schüssel raussuppt, hatte er sie vorsichtshalber noch in die *Hertie*-Tüte eingepackt. Im Laufe des Abends hatte Heiko die Tüte dann aus den Augen verloren und ging ohne sie nach Hause.

Ein Jahr lang war es still um die Tüte – Heiko hatte sie schon fast vergessen. Dann klingelte es an seiner Haustür, und Dörte Kathmann brachte ihm seine Salatschüssel zurück – man ahnt es nicht – in der *Hertie*-Tüte! Ihr waren Schüssel und Tüte wieder in die Hände geraten, als sie ihre Küchensachen einpackte, da sie damals nach Reit im Winkl umgezogen ist. Heiko war sofort klar, das konnte kein Zufall sein: Er und die Tüte gehören zusammen! Von nun an wurde die alte *Hertie*-Tüte auch mal umgekrempelt, wurde Teil seiner Sumo-Ringer-Faschingsverkleidung und er nahm sie mit auf Reisen, zum Beispiel in die Slowakei.

Die Karriere der Tüte war nicht zu stoppen, sogar als praktischer Alltagsbegleiter bei der EM 2000 in Holland und Belgien tat sie souverän ihren Dienst. Heiko hatte sich mit ihr im deutschen Mannschaftshotel im holländischen Vaalsbroek einquartiert, und dort diente sie täglich zum Transport von zwei 2 Snickers-Riegeln und einem *Kicker*-Sonderheft zwischen Trainingsgelände und Hotel-Lobby. Zufällig lief Heiko dort eines Tages der deutsche Mittelfeldspieler Carsten Ramelow über den Weg. Als Heiko ihn spontan um ein Autogramm auf der *Hertie*-Tüte bat, wusste Ramelow nicht, was *Hertie* überhaupt war, und damit brach Heiko Postel den Vorgang empört ab und ließ den unwissenden Ramelow stehen.

2003 kaufte sich Heiko seinen ersten 3er BMW. Statt eines Fünf-Liter-Benzinkanisters wollte er sicherheitshalber lieber mit einem Zehn-Liter-Kanister unterwegs sein. Dieser passte aber nicht in die vorgesehene Ausbuchtung der Kofferraumwanne, daher ließ sich Heiko eine spezielle Kofferraumwanne von einer Firma in Belgien anfertigen – und bis diese fertig war, verwendete er wiederum die *Hertie*-Tüte als zusätzlichen Auslaufschutz für den großen Kanister. Auch heute noch, über ein Vierteljahrhundert nach ihrem ersten Einsatz für Heiko Postel, gelangt die Tüte immer noch im Alltag zu Ruhm und Ehre. Denn immer wenn Heiko weiß, dass er eine zuverlässige, stabile Transportmöglichkeit braucht, zum Beispiel für Grillzange,

Schürze und Grillrost-Bürste bei Einsätzen am Schwenkgrill vom Nachbarschaftsfest, greift er wie selbstverständlich zur altehrwürdigen *Hertie*-Tüte.

Und wenn ihn heute junge Menschen mit der Tüte sehen und ihn mit neugierigem Blick fragen: «*Hertie*!? Was is'n das?», dann nimmt er sich gerne die Zeit, setzt sich zu ihnen auf die Parkbank oder stellt sich mit an den Biertresen und fängt an zu erzählen ...

HEIKO POSTEL – Der FANCHECK

*Welche Tönungs-Haarfarbe hat Heiko mit
H.P. Baxxter gemeinsam?*

*Heiko hat eine Plastiktüte, die ihm sehr ans Herz
gewachsen ist. Wie hieß das Kaufhaus?*

Wie heißt Heikos bester Promi-Freund?

Wie heißt Heikos Freundin?

Welchen Spitznamen hat Heiko bei den Freeses?

Wie heißt Heikos Azubi?

*Wie heißt es noch beim Verplomben?
Stecken, Drehen, Schlagen, ..., ...?*

Wer ist für Heiko der härteste Mann der Welt?

Welches aktuelle BMW-Modell fährt Heiko Postel?

Bei welchem Song von Scooter muss Heiko weinen?

(Auflösung: Seite 269)

ANHANG

Sind Sie ein/e Freese?
Auflösung Fancheck

Kapitel Familie, die Antworten:

Afrikanistik – Svennis Vater – mit Gottes Gnaden (Dei Gratia) – Mit 8 Jahren – ein Dreirad – Dolph Lundgren – Nein, per Kaiserschnitt – Dieter – Remoulade

Kapitel Zuhause, die Antworten:

In Omas Büro – Amiland – einen Felgenbaum – in Majonnaise-Eimern in der Sauna – Bullpinscher – sie ist Chris-de-Burgh-Fan – Er sagt zu Peter Maffay «Opa Tutzing» – drei Steaksoßenflaschen kleben fest – fünf Euro – Heikos Verplombungszange

Kapitel Rosi Freese, die Antworten:

Schwedenrot – keine – auf der Raupe – Lux – Rumpfkräfte – seinen BMW 2000 – Maffaymaus – dass der Fernet Branca Adler sie holt – Hähnchenfett – drei

Kapitel Die Eule, die Antworten:

Dalli Dalli – sechs Mal – Spitz, pass auf» – eine Zwei-Euro-Münze – Größe M – «Rosi & die Dicke» – Ergotherapie – Röstzwiebeln und eine Nuance Bratensoße – am 2. Oktober – Wegen Beweisen für ihre Manipulationen am Münz-Föhn im Tennisclub

Kapitel Taxi Freese, die Antworten:

Lou Bega – 100 Euro – Taxi Hagemann – Joschka Fischer – aus der Nikolaus-Stiefelette – 1990 – eine Mettwurst – Mockturtle – 696969 – ... mit Navi»

Kapitel Bianca Freese, die Antworten:

Can You Feel the Love Tonight – Menk&Bode – 13 – Dicken – Mäusepolizist – zur Trageberaterin – Silberzwiebeln – Weil sie sie anschreien – Kati Möllring – ein Alcantara-Ledersofa

Kapitel Im Job, die Antworten:

Der Flitzer – Lars Winkler – der Currywurst – die M&B Reifenwechseloffensive – Revision – im Sitzen – Ohrhaare – Leberkäse – Sandra Menk – Schrauben-Hansi

Kapitel Familienfeiern, die Antworten:

Burgunderschinken – bessere Konditionen im Gottesdienst – Svennis Vater – Ostpreußen – Erich & Margot Dicken – sie hat sich aus Versehen eine Schere in den Kopf gerammt – ein Boxspringbett und schöne Bettwäsche – weil man dann immer mitmuss – Pastor Kaiser – zwei passende Weihnachtspullover

Kapitel Svenni Freese, die Antworten:

Ossobuco – 15 Minuten – 11 Jahre – Faultier – Pingasthenie – Maggi – Triangel – «Nessun Dorma» – Frau Pahlke – Simon

Kapitel Schule und Ferien, die Antworten:

Gewalt – Dr. Schorf – zehn Euro – Cala Ratjada – Wer will fleißige Steinmetze sehen? – 1,2 Millionen Euro – «Der Checker» an den Edersee – Heipo Solution – «Die Chips-Bar»

Kapitel Heiko Postel, die Antworten:

Blond – Hertie – Jimi Blue Ochsenknecht – Yvette – Snäcki – Devin – Bolzen, Checken – Florian Silbereisen – 5er – «Break It Up»

Jede richtige Antwort = 1 Punkt

ERGEBNIS ____ von 110 Punkten

Die Auswertung

0 – 30 Punkte:
Komm! Geh zu Taxi Hagemann!!!

31 – 60 Punkte
Komm mal zum Grillen vorbei, mein Süßen. Dich kriegen wir
schon noch hin!

60 – 90 Punkte
Viel mehr hat Heiko Postel auch nicht geschafft! Du gefällst
uns. Aber üb man noch 'ne Runde. Gaaaanz dicht dran!

Ab 91 Punkten
Du bist ein/e Freese!!! Zieh dir 'ne Badehose an, hol dir 'ne Dose
Jäggi-Cola und setz dich zu uns in'n Whirlpool.

Bitte zexy Foto von dir ausschneiden und einkleben!

Wissenschaftlicher Anhang
– Wurst-Tangenten

Wir wollen Sie nicht ohne die Auseinandersetzung mit einem Problem in den Alltag entlassen, das uns sehr am Herzen liegt.

Wer ein akkurat belegtes Toastbrot möchte, hat entweder Brot- oder Aufschnitt-Verschnitt.

In den 70er und frühen 80er Jahren passte eine handelsübliche Scheibe Mettwurst exakt auf eine Scheibe Toast im klassischen Format 8 cm x 8 cm. Der Verschnitt hielt sich bei innenliegender Wurst in Grenzen.

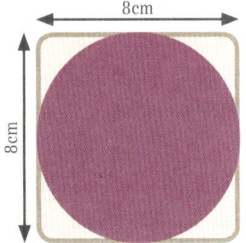

Fläche Toast
$8\,\text{cm} \times 8\,\text{cm} = 64\,\text{cm}^2$

Fläche Wurst
$(4\,\text{cm})^2 \times \pi = 50{,}27\,\text{cm}^2$

Verschnitt Toast
$64\,\text{cm}^2 - 50{,}27\,\text{cm}^2 = 13{,}37\,\text{cm}^2$

Sofern Geld keine Rolle spielte, legten einige Bundesbürger auch eine im Durchmesser 11,30 cm große Wurstscheibe auf ihren Toast. Dieses Format gab es zu dieser Zeit meist nur in dänischen Grenz-Supermärkten. Der Verschnitt an Wurst war jedoch beachtlich.

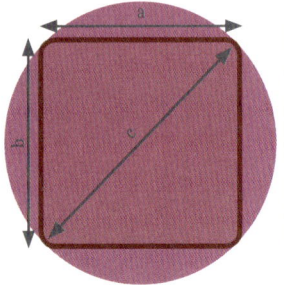

Fläche Toast
$8\,\text{cm} \times 8\,\text{cm} = 64\,\text{cm}^2$

Durchmesser Wurst
$\sqrt{8^2 + 8^2} = 11{,}31\,\text{cm}$

Fläche Wurst
$(5{,}66\,\text{cm})^2 \times \pi = 100{,}64\,\text{cm}^2$

Verschnitt Toast
$100{,}64\,\text{cm}^2 - 64\,\text{cm}^2 = 36{,}46\,\text{cm}^2$

In den 90er Jahren tauchten dann Maxi-Toastscheiben nach US-Vorbild in deutschen Supermärkten auf. Der ganze Markt spielte verrückt und brachte absurde Putensalamischeiben in Oblatengröße hervor. Die antiproportionale Entwicklung vom Toastbrot zur Wurstscheibengröße hält nach wie vor an.

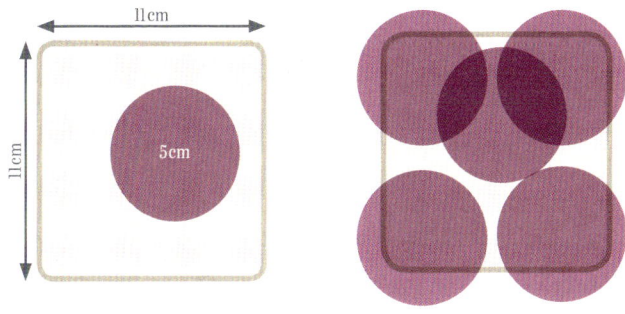

Was für'n Scheiß!

Heiko Postel macht sich seit Jahren für zwei Lösungsansätze stark:

1. Die vorgestanzte sternförmige Ergänzungswurst

2. Das modulare System, das bereits in den späten 20er Jahren vom Maler Piet Mondrian in einigen Gemälden festgehalten wurde und in dem sich die sogenannte Quadratwurst mit Kantenlängen von 2, 4, und 8 cm sowie 8 cm- und 16 cm-Toastbrote einander anpassen. Eine Anfrage an den zuständigen EU-Kommissar zur Angleichung von Toastbrot- und Aufschnittscheiben blieb bislang unbeantwortet.

Der Freese-Kosmos
– alle Figuren aus allen Folgen (Nov. 2018)

Almuth Freie keltische Rednerin auf Biancas Verlobung

Annemarie, Tante Tante von Rosi, Schwester von Rosis Vater

Annette Biancas Exkollegin bei M&B, «die mit dem Bein»

Archibald, Sir Hund von Svennis Kumpel Simon

Arp, Herr Sachbearbeiter bei der Sparkasse

Asbach, Herr Eine von Rosis Bekanntschaften aus der Eule

Bach, Patrick Schauspieler. Lag mit Rosi und dem Bürgermeister bei der Eröffnung des Spaßbades im Whirlpool

Baumgart, Klaus Der dicke Klaus. Wurde von Oma mit XXL-Burger fotografiert

Beck, Karina Schulliebe von Heiko Postel

Beckenbauer, Franz Fußballkaiser und Rosis Golfpartner

Becker, Rüdiger Genannt RüBe, war in den 80ern Fahrer bei Taxi Freese

Bega, Lou Starauftritt bei Taxi Freeses 40. Firmenjubiläum

Bender, Saskia Künstlername: «Die Gewandschneiderin von Avalon» – Hat das Brokat-Kleid für Biancas Mittelalterverlobung geschneidert

Bigelow Biancas Pony in ihrer Traumwelt

Bode, Frau Aktuelle Ehefrau von Walter Bode

Bode, Irina Aus Wolgograd, Ehefrau von Kai-Uwe Bode

Bode, Kai-Uwe Junior-Chef Autohaus *Menk & Bode*

Bode, Walter Senior-Chef Autohaus *Menk & Bode* (Lover von Rosi)

Bonnie, DJ Kumpel von Heiko Postel

Böhme, Walter Sachbearbeiter für *Taxi Freese* im Kraftfahrtbundesamt Flensburg

Jeannine BFF von Marilu

Jennifer aus M.-V. Autohaus *Menk & Bode*

Jethro Enkel von Omas Freundin Ingeborg

Jochimsen Exfahrer von *Taxi Freese*

Jonte Mittlerer Sohn von Carola & Gero

Jubi Freundin aus der Eule

Jule Aus Svennis Schule

Jutta Sprechstundenhilfe von Dr. Hase

Kähler, Dustin Klassenkamerad von Sven, Chaot!

Kähler, Frau Mutter von Dustin und Biancas Elternvertreter-Stellvertreterin

Kaiser, Roland Sänger. Hat Rosi mal einen Korb gegeben

Karo Biancas Newsletter-Kontakt von *Tchibo*

Karsten Rosis Kontaktmann bei 11833

Kathmann, Dörte Ex von Heiko Postel und kurzzeitige Inhaberin der *Hertie*-Tüte

Kerstin Biancas Kollegin bei M&B, ihr Macker hat einen «Weiberarsch»

Klausi Kumpel von Heiko Postel

Kloß, Stefanie Sängerin von «Silberblick», wie Oma zu ihr sagte

Kröger, Frau & Herr Direkte Nachbarn von den Freeses (sehr alt)

Krümel Hat Svenni 2017 im Feriencamp kennengelernt, lebt in Berlin, sie sind Seelenverwandte

Laurenz Klassenkamerad von Sven

Linke, Herr Lehrer (pens.), leitet Mal- und Lackier-AG

Luisa Parallelklasse und Svennis zweite Freundin bis 2018

Maffay, Peter Rockstar und Sommerliebe '75 von Oma Rosi

Maik *Hermes*-Fahrer, 2017 Lover von Rosi

Manolo Besitzer der *Chips-Bar* in Cala Ratjada

Mareile Beste Freundin von Luisa

Peter Biancas Airbnb-Vermieter aus Wien mit einem City-Loft

Pitti, Onkel Cousin von Rosi (die Bad Nauheimer)

Postel, Harpo Bruder von Heiko Postel

Putzky, Simon Svennis bester Freund

Rakers, Judith Referenzmensch von Bianca

Ralf Autohaus *Menk & Bode*

Ramelow, Meike Bekannte von Bianca

Raya Duett-Partnerin von Svenni beim Schul-Musical (zwei
    Jahre älter)

Reimer Der nackte Akkordeonspieler, Lover von Oma

Reimers, Herr Grabnachbar von Dieter Freese

Reinke, Frau Arbeitet bei *Edeka Duwe*

Renate Freundin von Heidi Sievers

Ricardo Omas Cranio-Masseur

Richie Hund von Biancas Freundin Carola

Rita, Tante Schwester von Rosis Vater, Mutter von Onkel Pitti

Rohde, Manuela Besitzerin des *Café Rohde*, Brunchbuffet
    Location

Röber, Herr Vom *Schuster- & Schlüsseldient Röber*. Mit dem
    guten Kleber

Römer, Frau Nachbarin

Rosalie Aus Svennis Schule

Salvi Inhaber Stammitaliener der Freeses

Sander, Erol Schauspieler. Wurde von Rosi mit Gassi-Beutel auf
    Amrum fotografiert

Sarah Biancas Newsletter-Kontakt von Monoqui

Savalas, Telly Schauspieler. Skat-Partner von Rosi im Fernsehen

Schaller, Edith Autohaus *Menk & Bode* (Außendienst)

Schlachter Nachtschicht bei *Taxi Freese*

Schnebel, Rolf & Kerstin Befreundetes Ehepaar von
    Heiko Postel

Danke für Ihre Aufmerksamkeit

«Wir sind die Freeses» – das ist regionaler Humor aus Bodenhaltung. Dafür bürgen auch die Qualitätsmitarbeiter Thomas Hanik und André Chu aus der Ideenschmiede, die auch an diesem Buch mitgearbeitet haben, sowie Michi Woddow und Olli Kleist aus dem Studio.

© Nadine Egbringhoff

v. l.: André Chu (41, eine Tochter, ein Sohn), Andreas Altenburg (49, drei Söhne), Oliver Kleist (41, eine Tochter, ein Sohn), Thomas Hanik (47, eine Tochter), Michael Woddow (35, ein Sohn)

Familie ist, wenn du
den Klodeckel hebst und sofort weißt,
wer vor dir drauf war.

(Das möchten wir Ihnen nach über eintausend Folgen «Wir sind die Freeses» und fünf gemeinsamen Jahren noch mit auf den Weg geben.)

Weitere Titel von Andreas Altenburg

Frühstück bei Stefanie: Rätsel, Fakten und sowas alles
(mit Harald Wehmeier)

Frühstück bei Stefanie: Nix wie wech!
(mit Harald Wehmeier)

Wer piept denn da? Von Proseccolerchen
und Hochdruckputzen. Ein Naturführer

Wir sind die Freeses